Scoprire i Giochi Gratuiti Online

Disponibile Qui:

BestActivityBooks.com/FREEGAMES

5 CONSIGLI PER INIZIARE

1) COME RISOLVERE LE PAROLE INTRECCIATTE

I puzzle hanno un formato classico:

- Le parole sono nascoste senza spazi o trattini,...
- Orientamento: Le parole possono essere scritte in avanti, indietro, verso l'alto, verso il basso o in diagonale (possono essere invertite).
- Le parole possono sovrapporsi o intersecarsi.

2) APPRENDIMENTO ATTIVO

Accanto ad ogni parola c'è uno spazio per scrivere la traduzione. Per incoraggiare l'apprendimento attivo, un **DIZIONARIO** alla fine di questa edizione vi permetterà di controllare e ampliare le vostre conoscenze. Cerca e scrivi le traduzioni, trovale nel puzzle e aggiungile al tuo vocabolario!

3) SEGNARE LE PAROLE

Puoi inventare il tuo sistema di segni. Forse ne usi già uno? Per esempio, puoi segnare le parole difficili da trovare con una croce, le parole preferite con una stella, le parole nuove con un triangolo, le parole rare con un diamante, e così via.

4) STRUTTURARE L'APPRENDIMENTO

Questa edizione offre un **TACCUINO** alla fine del libro. In vacanza, in viaggio o a casa, puoi organizzare facilmente le tue nuove conoscenze senza bisogno di un secondo quaderno!

5) AVETE FINITO TUTTE LE GRIGLIE?

Nelle ultime pagine di questo libro, nella sezione della **SFIDA FINALE**, troverete un gioco gratuito!

Facile e veloce! Dai un'occhiata alla nostra collezione di libri di attività per il tuo prossimo momento di divertimento e **apprendimento,** a portata di clic!

Trova la tua prossima sfida su:

BestActivityBooks.com/MioProssimoLibro

Ai vostri posti, pronti...Via!

Sapevi che ci sono circa 7.000 lingue diverse nel mondo? Le parole sono preziose.

Amiamo le lingue e abbiamo lavorato duramente per creare libri di altissima qualità. I nostri ingredienti?

Una selezione di argomenti adatti all'apprendimento, tre buone porzioni di intrattenimento, una cucchiaiata di parole difficili e una spolverata di parole rare. Li serviamo con amore e entusiasmo in modo che tu possa risolvere i migliori giochi di parole e divertirti imparando!

La vostra opinione è essenziale. Puoi partecipare attivamente al successo di questo libro lasciandoci un commento. Ci piacerebbe sapere cosa ti è piaciuto di più di questa edizione.

Ecco un link veloce alla pagina dell'ordine:

BestBooksActivity.com/Recensione50

Grazie per il vostro aiuto e buon divertimento!

Tutta la squadra

1 - Scacchi

Д	П	Ф	В	О	О	П	П	О	Н	Е	Н	Т	П
И	И	П	Ч	К	Ж	Е	Р	Т	В	А	Ж	Т	Р
Я	Г	А	С	О	Ч	Ш	К	О	Р	О	Л	Ь	А
У	Р	С	Г	Р	Ч	П	Ф	Я	Б	Ш	Г	Н	В
Щ	А	С	Ч	О	Т	О	Ч	К	И	Л	Ч	Г	И
Б	Ю	И	Б	Л	Н	И	Щ	Р	Ф	Ы	Е	Ь	Л
И	Г	В	Е	Е	К	А	Г	С	Л	Е	М	М	А
Ц	Р	Н	Л	В	О	П	Л	Р	Ф	У	П	Л	Ы
Ж	Ш	Ы	Ы	А	Н	Ы	Ш	Ь	О	Ю	И	Е	Е
Н	У	Й	Й	Г	К	А	Р	Ъ	Г	К	О	Р	П
В	Р	Е	М	Я	У	М	Н	Ы	Й	Е	Н	М	Г
К	Щ	А	Ч	Ф	Р	Ч	Е	Р	Н	Ы	Й	И	П
Ы	Ж	Ф	К	В	С	Т	У	Р	Н	И	Р	Ф	Ш
С	Т	Р	А	Т	Е	Г	И	Я	Я	Л	Л	Ч	Ю

ОППОНЕНТ
БЕЛЫЙ
ЧЕМПИОН
КОНКУРС
ДИАГОНАЛЬ
ИГРОК
ИГРА
УМНЫЙ
ЧЕРНЫЙ
ПАССИВНЫЙ

ТОЧКИ
КОРОЛЬ
КОРОЛЕВА
ПРАВИЛА
ЖЕРТВА
ПРОБЛЕМЫ
СТРАТЕГИЯ
ВРЕМЯ
ТУРНИР

2 - Aggettivi #2

Т	В	О	Р	Ч	Е	С	К	И	Й	Ш	К	О	У
С	И	Н	Т	Е	Р	Е	С	Н	Ы	Й	А	Н	К
И	И	П	Р	О	Д	У	К	Т	И	В	Н	Ы	Й
З	С	Л	А	Д	К	И	Й	Ж	Ш	И	У	Ц	Ц
В	Ю	Щ	Ь	Г	О	Л	О	Д	Н	Ы	Й	У	Ж
Е	А	Ч	Х	Н	О	Р	М	А	Л	Ь	Н	Ы	Й
С	О	Л	Е	Н	Ы	Й	Г	В	Ъ	О	Г	Щ	Ч
Т	Б	Д	Ю	С	Щ	Й	В	Ж	О	Б	Е	Х	И
Н	Е	С	Т	Е	С	Т	В	Е	Н	Н	Ы	Й	С
Ы	Н	А	У	Т	Е	Н	Т	И	Ч	Н	Ы	Й	Т
Й	Г	О	Р	Д	Ы	Й	С	У	Х	О	Й	А	Ы
М	Ы	У	В	Э	Л	Е	Г	А	Н	Т	Н	Ы	Й
Ь	П	Ф	Ц	Ы	З	Д	О	Р	О	В	Ы	Й	У
Б	И	В	А	Б	Й	Ы	А	Л	Ы	Д	М	Ъ	О

ГОЛОДНЫЙ
СУХОЙ
АУТЕНТИЧНЫЙ
ТВОРЧЕСКИЙ
СЛАДКИЙ
ЭЛЕГАНТНЫЙ
ИЗВЕСТНЫЙ
СИЛЬНЫЙ
ИНТЕРЕСНЫЙ

ЕСТЕСТВЕННЫЙ
НОРМАЛЬНЫЙ
НОВЫЙ
ГОРДЫЙ
ПРОДУКТИВНЫЙ
ЧИСТЫЙ
СОЛЕНЫЙ
ЗДОРОВЫЙ

3 - Mobili

```
С Т У Л С Ч Ы И С М Ь З С К
М Ч Л Ю К О В Р И К К Е У Т
Ь Л Ф Л А М П А Ы Ю Л Р Т П
Л И Г А М А К Е С И Ш К С Т
Ф Д Щ Х Ь П Г Х Д Ю К А Ц О
Д К У К Я К П О Л К И Л У Б
М Щ К Р Т Р М О К Е С О Х Н
Ф У Т О Н Е А О Д И В А Н Ф
С Ч Ф В Б С Т О Л У Е Х К Ю
П Щ У А У Л Р М Ф В Ш Ц Ц Ч
М Ф Ш Т К О А Б Я У Ъ К Ъ А
Щ Б Ъ Ь Л Ь С Щ Ш Е Г Щ А Ь
П О Д У Ш К И Н Ъ Ф М Ш Ы Ь
Ш Т О Р Ы Щ С В Г У Ю Ф И Т
```

ГАМАК
ПОДУШКИ
ПОДУШКА
ДИВАН
ФУТОН
ЛАМПА
КРОВАТЬ
МАТРАС

СКАМЬЯ
КРЕСЛО
ПОЛКИ
СТОЛ
СТУЛ
ЗЕРКАЛО
КОВРИК
ШТОРЫ

4 - Pesca

О	П	Б	Ж	У	У	П	Ц	М	Л	Я	Ы	Ы	Ж
Б	Р	П	Л	А	В	Н	И	К	И	Б	П	Р	А
О	Е	Р	Е	К	А	Ч	Д	Р	Д	Щ	Ь	Ю	Б
Р	У	Ь	П	Х	А	Р	Е	Б	Ж	П	Д	Ф	Р
У	В	В	О	Ф	С	П	Ъ	Л	О	Д	К	А	Ы
Д	Е	Е	В	Т	А	А	И	К	Ю	Щ	Ч	К	В
О	Л	С	А	П	Р	О	В	О	Д	С	Л	И	О
В	И	Е	Р	О	Т	М	Б	Р	М	Т	Т	М	Д
А	Ч	З	Ы	Щ	Д	Н	О	З	Б	Ф	С	Ь	А
Н	Е	О	Н	Т	Ц	Л	М	И	С	Н	С	К	П
И	Н	Н	Н	Б	О	Е	А	Н	Я	Е	Я	Р	Л
Е	И	Ч	Х	П	Р	И	М	А	Н	К	А	Ю	Я
У	Е	О	З	Е	Р	О	О	К	Е	А	Н	К	Ж
Р	П	Ь	Ъ	Т	Е	Р	П	Е	Н	И	Е	Г	О

ВОДА
ОБОРУДОВАНИЕ
ЛОДКА
ЖАБРЫ
КОРЗИНА
ПОВАР
ПРЕУВЕЛИЧЕНИЕ
ПРИМАНКА
ПРОВОД
РЕКА

КРЮК
ОЗЕРО
ЧЕЛЮСТЬ
ОКЕАН
ТЕРПЕНИЕ
ВЕС
ПЛАВНИКИ
ПЛЯЖ
СЕЗОН

5 - Aggettivi #1

А	Ц	Е	Н	Н	Ы	Й	М	Ь	А	Ы	И	В	О
Т	М	О	Д	Р	Ю	У	О	П	К	Р	Д	А	Г
Ь	Я	Б	Ц	И	О	Ь	Л	Ш	Т	С	Н	Ж	Р
Б	Л	Ж	И	А	Д	Ф	О	О	И	Ф	Ч	Н	О
Ш	А	Ъ	Е	Ц	Т	Ш	Д	Ч	В	Д	Р	Ы	М
Ъ	Д	В	Ю	Л	И	П	О	Е	Н	Е	Ь	Й	Н
Г	Ю	Ц	Е	Ж	Ы	О	Й	С	Ы	М	Б	Щ	Ы
Д	Л	И	Н	Н	Ы	Й	З	Т	Й	Ь	О	Е	Й
Н	К	М	Е	Д	Л	Е	Н	Н	Ы	Й	Л	Д	Т
Г	Л	У	Б	О	К	И	Й	Ы	Ы	Ч	Ь	Р	Л
Т	О	Н	К	И	Й	О	Ь	Й	В	Й	Ш	Ы	Ы
С	О	В	Е	Р	Ш	Е	Н	Н	Ы	Й	О	Й	Ы
И	Д	Е	Н	Т	И	Ч	Н	Ы	Й	Д	Й	Ь	Б
А	Б	С	О	Л	Ю	Т	Н	Ы	Й	Ь	Н	И	П

AМБИЦИОЗНЫЙ   МЕДЛЕННЫЙ
AБСОЛЮТНЫЙ   ДЛИННЫЙ
AКТИВНЫЙ   ЧЕСТНЫЙ
OГРОМНЫЙ   СОВЕРШЕННЫЙ
ЩЕДРЫЙ   ТЯЖЕЛЫЙ
МОЛОДОЙ   ЦЕННЫЙ
БОЛЬШОЙ   ГЛУБОКИЙ
ИДЕНТИЧНЫЙ   ТОНКИЙ
ВАЖНЫЙ

6 - Geologia

```
Ч К С Т А Л А К Т И Т Д Г И
П Ю Ц Ч К И С Л О Т А З И С
Л Л И П О Л Ь Ф Ь Р Т Е И К
Н Я А В У Л К А Н К А М Щ О
Т К Я Т К Р И С Т А Л Л Ы П
С О Л Ь О А Ш С Н Т И Е Л А
Г Е Й З Е Р М Ъ Г Ю Х Т П Е
Х Ю Ф Ж Г Е П Е Я О Ш Р Е М
М И Н Е Р А Л Ы Н Т Э Я Щ О
К О Н Т И Н Е Н Т Ь Р С Е Е
С Т А Л А Г М И Т Ы О Е Р Л
Л К В А Р Ц А Д А Ь З Н А А
О Р Р К А Л Ь Ц И Й И И Л В
Й С Л Л Щ Ь Ш П Ь С Я Е В А
```

КИСЛОТА	ЛАВА
ПЛАТО	МИНЕРАЛЫ
КАЛЬЦИЙ	КАМЕНЬ
ПЕЩЕРА	КВАРЦ
КОНТИНЕНТ	СОЛЬ
КОРАЛЛ	СТАЛАГМИТЫ
КРИСТАЛЛЫ	СТАЛАКТИТ
ЭРОЗИЯ	СЛОЙ
ИСКОПАЕМОЕ	ЗЕМЛЕТРЯСЕНИЕ
ГЕЙЗЕР	ВУЛКАН

7 - Campeggio

```
П П А Л А Т К А О Г К Н Д О
П Р О Х О Т А Я З П О А Е Б
Ы Ж И В О Т Н Ы Е Р М С Р О
Ф Г Г К В Я Ш Х Р И П Е Е Р
О Т Ю А Л Е Ю Г О Р А К В У
К Т Ь Р О Ю Р Н Е О С О Ь Д
Ю Б Ю Т Д Ш Ч Е Ч Д В М Я О
А Ь Е А Ф У Щ Е В А С О Ы В
Ш Ш Л Я П А Е К Н К А Е Ж А
И М У Ц Я О Е Ж А И А Л О Н
В Л Н Я К Г Т Г Т Н Е Е Ц И
У Ф А А Е О Ч Ъ Ж Ъ О С Ч Е
Б Ю Р Ь Ы Н К Б Я Ш Г Э Ж В
В Е С Е Л Ь Е Г А М А К К Ц
```

ДЕРЕВЬЯ	ВЕСЕЛЬЕ
ГАМАК	ЛЕС
ЖИВОТНЫЕ	ОГОНЬ
ОБОРУДОВАНИЕ	НАСЕКОМОЕ
ПРИКЛЮЧЕНИЕ	ОЗЕРО
КОМПАС	ЛУНА
ОХОТА	КАРТА
КАНОЭ	ГОРА
ШЛЯПА	ПРИРОДА
ВЕРЕВКА	ПАЛАТКА

8 - Arti Visive

```
Ф Е Ч И М Ф Е С О С Т А В Ф
О К Е Р А М И К А П Р Р Ш И
Т К А Р А Н Д А Ш О А Х Е Л
О В М Г Ф А Л И Л Р Ф И Д Ь
Г Ч О О Л Д Г М Д Т А Т Е М
Р С И С Л И Ъ Ь Ы Р Р Е В С
А Г Т Ы К Ь Н Т Ф Е Е К Р Ъ
Ф Ы Ч И К Б Б А Щ Т Т Т Х Ф
И М У Д Ц Л Ъ Е Л Я Ь У Ч Ж
Я У Г О Л Ь Р Е Р Ф Л Р Р Х
Д Х У Д О Ж Н И К Т А А У Ш
А Б У П С Х М Е Л Ш К Ь Ч Ч
К Р Е А Т И В Н О С Т Ь К Ч
С К У Л Ь П Т У Р А О Д А Ф
```

АРХИТЕКТУРА	ФИЛЬМ
ГЛИНА	ФОТОГРАФИЯ
ХУДОЖНИК	МЕЛ
ШЕДЕВР	КАРАНДАШ
УГОЛЬ	РУЧКА
МОЛЬБЕРТ	ПОРТРЕТ
ВОСК	СКУЛЬПТУРА
КЕРАМИКА	ТРАФАРЕТ
СОСТАВ	ЛАК
КРЕАТИВНОСТЬ	

9 - Tempo

```
К Д П М И Н У Т А Г Ж У У Ч
Д А О Л Г М Т С Е Г О Д Н Я
Е Г Л М Ж П Р Ц П Р А Е Б Щ
С Ю Б Е Д П О С Л Е Е Ж Р Н
Я В У С Н Т Ц С Ш Щ В Е Ч Б
Т У Д Я К Д С К Х А П Г Х Ж
И М У Ц В Е А О Ь С Г О Ш Е
Л Г Щ Н Я Н О Р Ч А С Д П Е
Е В Е К О Ь Г О Ь Н О Н О Ь
Т Б Е Т Ф Ч О Г В Е Т Ы Л Б
И Л Ь Н Ж А Ь О Ч Д Г Й Д Ж
Е Е Я С Ы С Е Д Е Е Т Ф Е Т
Р К Ч Н Х Ы Ъ Я Р Л Т Ы Н Ш
Ы И М Ц Ш Ь Ю О А Я О Т Ь Б
```

ГОД	ПОЛДЕНЬ
ЕЖЕГОДНЫЙ	МИНУТА
КАЛЕНДАРЬ	НОЧЬ
ДЕСЯТИЛЕТИЕ	СЕГОДНЯ
ПОСЛЕ	ЧАС
БУДУЩЕЕ	ЧАСЫ
ДЕНЬ	СКОРО
ВЧЕРА	ДО
УТРО	ВЕК
МЕСЯЦ	НЕДЕЛЯ

10 - Autunno

```
К И Л К П Ш Ж П О Ж А Р Ы М
Л Ф Ь И А Р Р Е О Д Е Ж Д А
И Я Д Ч Х Ш И Д Л Ф Ь С Л Ю
М Б М Ф К В Т Р Т У У Ф Ц Ц
А Л Ъ Ы Ч В В А О И Д Т Ш Д
Т О К М Ы Я И Д Н Д Р Ь Ж Г
Ь К У И М Е С Я Ц Ы А Ч Ь Г
Ф И М И Г Р А Ц И Я П Ц Ч Г
Л И С Т В Е Н Н Ы Й О Щ К П
Ф Ж А С Н Ф Б К Н М Г Ч Л Л
Щ Ж Д К О И С Т С М О Р О З
С Е З О Н Н Ы Й С В Д Ф Т Я
Ф Е С Т И В А Л Ь П А И Ж Я
Р А В Н О Д Е Н С Т В И Е Р
```

ОДЕЖДА	ЖЕЛУДЬ
КАШТАНЫ	ПОЖАРЫ
КЛИМАТ	ЯБЛОКИ
ЛИСТВЕННЫЙ	МЕСЯЦЫ
РАВНОДЕНСТВИЕ	ПОГОДА
ФЕСТИВАЛЬ	МИГРАЦИЯ
САД	ПРИРОДА
МОРОЗ	СЕЗОННЫЙ

11 - Astronomia

П	Л	А	Н	Е	Т	А	Р	П	Ь	Г	С	А	О
Д	Ю	У	Б	Щ	Щ	Ж	Ч	Ч	Т	Р	В	С	И
Б	И	Т	Н	Е	Б	О	Ы	Х	Ц	А	Е	Т	Р
А	З	А	Ь	А	Р	Н	А	Б	Щ	В	Р	Р	Д
С	Л	У	Г	Ю	Н	Ц	Р	О	А	И	Х	О	Е
Т	У	М	А	Н	Н	О	С	Т	Ь	Т	Н	Н	К
Е	Ч	Е	Л	Л	И	Р	И	У	Т	А	О	А	О
Р	Е	Т	А	Л	Ю	Ы	А	Л	Ю	Ц	В	В	С
О	Н	Е	К	Ц	Д	Ц	Ф	К	Г	И	А	Т	М
И	И	О	Т	Ц	Щ	К	Г	М	Е	Я	Я	Ч	О
Д	Е	Р	И	Щ	У	П	Ъ	Ы	Н	Т	Д	Ц	С
К	М	Ф	К	Щ	Ц	Ъ	Л	М	Ж	П	А	К	С
Ю	Е	Ы	А	Я	Ю	Г	Ю	З	Е	М	Л	Я	Г
Р	А	В	Н	О	Д	Е	Н	С	Т	В	И	Е	Б

АСТЕРОИД   МЕТЕОР
АСТРОНАВТ   ТУМАННОСТЬ
НЕБО   ПЛАНЕТА
КОСМОС   ИЗЛУЧЕНИЕ
РАВНОДЕНСТВИЕ   РАКЕТА
ГАЛАКТИКА   СВЕРХНОВАЯ
ГРАВИТАЦИЯ   ЗЕМЛЯ
ЛУНА

12 - Circo

П	Щ	О	Т	О	Б	М	А	Н	Ы	В	А	Т	Ь
О	Ц	Б	Ь	И	Б	И	Л	Е	Т	Т	Ш	М	Р
К	М	Е	Ш	Н	Г	Х	Х	Ф	А	Ж	Ц	Щ	Г
А	Л	З	Ю	Ю	Л	Р	Я	Т	К	Л	О	У	Н
З	Щ	Ь	З	А	К	Р	О	Б	А	Т	Х	В	Ж
А	Ы	Я	Р	А	З	В	Л	Е	К	А	Т	Ь	О
Т	Ж	Н	И	С	Л	О	Н	Н	Ш	М	Е	В	Н
Ь	И	А	Т	М	Ъ	Ю	Ц	Г	Ь	У	Х	П	Г
К	В	Л	Е	В	Т	Л	Ф	О	А	З	М	Д	Л
Д	О	С	Л	К	О	Н	Ф	Е	Т	Ы	А	Т	Е
В	Т	С	Ь	Р	А	С	М	Ь	Ж	К	Г	А	Р
Я	Н	Ь	Т	Ю	Ш	Щ	Л	Ъ	П	А	Р	А	Д
Ь	Ы	Я	И	Ю	Ч	Ы	П	А	Л	А	Т	К	А
Н	Е	Т	У	В	М	А	Г	И	Я	У	Ж	У	С

AКРОБАТ
ЖИВОТНЫЕ
БИЛЕТ
КОНФЕТЫ
КЛОУН
КОСТЮМ
СЛОН
ЖОНГЛЕР
РАЗВЛЕКАТЬ
ЛЕВ

МАГИЯ
МАГ
ПОКАЗАТЬ
МУЗЫКА
ПАРАД
ОБЕЗЬЯНА
ЗРИТЕЛЬ
ПАЛАТКА
ТИГР
ОБМАНЫВАТЬ

13 - Mitologia

```
А  К  Ь  Ю  Ж  Д  М  О  Л  Н  И  Я  В  П
Б  Р  А  Л  Е  Г  Е  Н  Д  А  Ь  Е  Ч  О
В  Е  Х  Т  С  М  Е  Р  Т  Н  Ы  Й  Г  В
О  М  С  Е  А  Р  И  Я  С  Г  Т  О  Р  Е
И  Е  И  С  Т  С  У  Щ  Е  С  Т  В  О  Д
Н  С  Л  К  М  И  Т  А  Д  Ь  С  О  М  Е
М  Т  А  Ф  Ъ  Е  П  Р  Е  Ж  Ч  Л  Ы  Н
О  Ь  М  Т  Ф  Н  Р  Х  О  Ю  С  Ш  Г  И
Н  Н  П  С  Д  Ч  Ф  Т  Ю  Ф  К  Е  Е  Е
С  О  З  Д  А  Н  И  Е  И  Ш  А  Б  Р  Г
Т  Л  А  Б  И  Р  И  Н  Т  Е  Д  Н  О  С
Р  Р  Е  В  Н  О  С  Т  Ь  Р  Х  Ы  Й  Г
Б  О  Ж  Е  С  Т  В  А  Л  М  И  Й  Я  Е
В  Щ  Ь  Ч  Д  К  У  Л  Ь  Т  У  Р  А  Л
```

АРХЕТИП	РЕВНОСТЬ
ПОВЕДЕНИЕ	ВОИН
СУЩЕСТВО	БЕССМЕРТИЕ
СОЗДАНИЕ	ЛАБИРИНТ
КУЛЬТУРА	ЛЕГЕНДА
КАТАСТРОФА	ВОЛШЕБНЫЙ
БОЖЕСТВА	СМЕРТНЫЙ
ГЕРОЙ	МОНСТР
СИЛА	ГРОМ
МОЛНИЯ	МЕСТЬ

14 - Piante

Б	Б	Р	Ш	Б	Б	Т	Ъ	Я	Р	Х	Ж	Л	Б
Щ	Т	Ш	Е	С	В	С	Ф	Г	С	Я	Ф	И	О
Т	И	Ю	Ц	Ф	Щ	Е	Я	О	А	Ы	К	С	Т
Г	Р	А	Д	Р	Л	М	Д	Д	Д	К	Ф	Т	А
Ц	Б	А	О	У	Е	О	Е	А	Л	М	С	В	Н
Ч	К	О	В	Р	С	Х	Р	П	Л	Ю	Щ	А	И
Л	О	Е	Б	А	К	К	Е	А	Е	Н	Ч	Л	К
И	Р	В	Е	С	Щ	Ц	В	Е	Т	О	К	Н	А
С	Е	Ю	Щ	Т	У	Д	О	Б	Р	Е	Н	И	Е
Т	Н	Н	У	И	Ъ	У	Ы	Р	А	В	Е	О	Х
П	Ь	Ж	Ф	А	Е	Б	А	М	Б	У	К	Щ	Т
Л	Е	П	Е	С	Т	О	К	А	К	Т	У	С	А
Ж	Ъ	П	Ы	Н	Ю	Ж	Ь	Г	В	И	С	Ц	Ж
Б	П	Б	Ф	О	Д	Ц	Ж	Х	Ь	Ъ	Т	Е	Р

ДЕРЕВО	УДОБРЕНИЕ
ЯГОДА	ЦВЕТОК
БАМБУК	ФЛОРА
БОТАНИКА	ЛИСТ
КАКТУС	ЛИСТВА
КУСТ	ЛЕС
РАСТИ	САД
ПЛЮЩ	МОХ
ТРАВА	ЛЕПЕСТОК
БОБ	КОРЕНЬ

15 - Spezie

```
Ш  Т  Ь  Я  Ч  К  Е  Щ  Щ  С  Г  С  Ы  И
И  Л  М  Т  Е  У  И  С  Ш  К  О  О  Ч  Л
Щ  Ы  Б  И  С  Р  Щ  О  Б  Л  Р  Л  Ф  С
В  К  У  С  Н  К  П  В  Г  Ш  Ь  О  Ь  Л
Ш  О  Ф  К  О  У  У  А  Щ  Н  К  Д  А  А
А  Р  Е  А  К  М  К  Н  П  Г  И  К  Х  Д
Ф  И  Н  Р  А  А  О  И  Е  Р  Й  А  Ъ  К
Р  Ц  Х  Р  Р  М  Р  Л  Р  Ф  И  Г  Ш  И
А  А  Е  И  Д  Е  И  Ь  Е  Ф  О  К  Г  Й
Н  Р  Л  Щ  А  И  А  Л  Ц  Л  У  К  А  Р
Ь  Л  Ь  Х  М  Ь  Н  А  И  М  Б  И  Р  Ь
Т  Х  Ф  П  О  Г  Д  Н  Ц  Щ  Ь  А  О  Ф
Г  Н  В  В  Н  В  Р  И  К  К  А  П  Г  Ю
У  П  А  Ш  В  У  Ш  С  Щ  Р  Ц  Ь  Е  М
```

ЧЕСНОК

ГОРЬКИЙ

АНИС

КОРИЦА

КАРДАМОН

ЛУК

КОРИАНДР

ТМИН

КУРКУМА

КАРРИ

СЛАДКИЙ

ФЕНХЕЛЬ

ВКУС

СОЛОДКА

ПАПРИКА

ПЕРЕЦ

СОЛЬ

ВАНИЛЬ

ШАФРАН

ИМБИРЬ

16 - Numeri

```
В Д Б Ч Д С Ч П В Н Ъ Ы Т Ф
О В Д Е Е С Е Я О У Б Г Р Ч
С А Е Т В Е Т Т С Л Е Ф И Ц
Е Д С Ы Я М Ы Н Е Ь П Ш Н Д
М Ц Я Р Т Ь Р А М А Ш У А В
Ь А Т Н Н Ц Е Д Н Ю Ю П Д Е
Ф Т Ь А А Т Л Ц А Г Г Ш Ц Н
Ц Ь Я Д Д В А А Д Т Ж К А А
Т Р И Ц Ц Н К Т Ц Е М Б Т Д
Ш С У А А М Ы Ь А К В П Ь Ц
Е Я Н Т Т Б К Щ Т М С Я Х А
С М Ю Ь Ь Ц О А Ь Ц О Т Т Т
Т Ш Е С Т Н А Д Ц А Т Ь А Ь
Ь Д Е С Я Т И Ч Н Ы Й Л А Л
```

ПЯТЬ	ЧЕТЫРЕ
ДЕСЯТИЧНЫЙ	ПЯТНАДЦАТЬ
ДЕВЯТНАДЦАТЬ	ШЕСТНАДЦАТЬ
ВОСЕМНАДЦАТЬ	ШЕСТЬ
ДЕСЯТЬ	СЕМЬ
ДВЕНАДЦАТЬ	ТРИ
ДВА	ТРИНАДЦАТЬ
ДЕВЯТЬ	ДВАДЦАТЬ
ВОСЕМЬ	НУЛЬ
ЧЕТЫРНАДЦАТЬ	

17 - Cioccolato

```
Л  В  Ф  Б  Е  П  Р  И  Ю  К  Р  Ю  К  Н
Ю  К  Ц  Д  И  О  Ц  Е  И  Ж  В  Х  А  Ь
Б  У  Ы  В  Г  Р  Щ  У  Ц  С  М  Е  Ч  К
И  С  А  Д  С  О  Г  М  К  Е  А  Ъ  Е  О
М  Н  Ю  М  П  Ш  К  Х  А  В  П  Т  С  Н
Ы  Ы  Ш  Ь  Ч  О  А  О  Л  Р  Щ  Т  Т  Ф
Й  Й  П  Б  Ж  К  Р  Ы  О  К  О  М  В  Е
В  К  У  С  А  Х  А  Р  Р  Л  О  М  О  Т
Н  О  Ь  Б  Ф  Ч  М  Ю  И  У  Я  К  А  Ы
Ф  Ж  И  Н  Г  Р  Е  Д  И  Е  Н  Т  О  Т
К  А  К  А  О  С  Л  А  Д  К  И  Й  Р  С
А  Р  А  Х  И  С  Ь  Г  О  Р  Ь  К  И  Й
Э  К  З  О  Т  И  Ч  Е  С  К  И  Й  Б  У
А  Н  Т  И  О  К  С  И  Д  А  Н  Т  Н  А
```

ГОРЬКИЙ
АНТИОКСИДАНТ
АРАХИС
АРОМАТ
КАКАО
КАЛОРИИ
КОНФЕТЫ
КАРАМЕЛЬ
ВКУСНЫЙ
СЛАДКИЙ

ЭКЗОТИЧЕСКИЙ
ВКУС
ИНГРЕДИЕНТ
КОКОС
ПОРОШОК
ЛЮБИМЫЙ
КАЧЕСТВО
РЕЦЕПТ
САХАР

18 - Guida

Ц	Ь	Г	Д	Ю	П	В	Г	Д	Т	М	Л	М	Л
Д	К	Г	Б	П	Д	И	А	Ю	О	О	И	Т	Т
К	А	Р	Т	А	Щ	Н	Р	К	Р	Т	Ц	Р	О
П	Е	Ш	Е	Х	О	Д	А	Е	М	О	Е	А	П
А	Н	М	Н	Ю	Л	М	Ж	К	О	Ц	Н	Н	Л
С	А	Ц	Ы	В	Т	С	Г	Г	З	И	З	С	И
А	В	Т	О	Б	У	С	А	Д	А	К	И	П	В
А	П	Я	Я	Ж	Ю	Ъ	З	В	О	Л	Я	О	О
В	В	О	У	Ъ	Ф	Ъ	Ь	И	Н	Р	М	Р	Ш
Ц	Ф	А	Л	Т	Ш	Р	Ш	Ж	Н	В	О	Т	Ш
Г	Р	В	Р	И	Д	Ч	А	Е	У	Ф	Т	Г	Ъ
С	У	Щ	Ф	И	Ц	Ч	П	Н	И	Е	О	Ж	А
А	М	М	Щ	Щ	Я	И	Т	И	Б	Ш	Р	Б	Г
Т	У	Н	Н	Е	Л	Ь	Я	Е	Ю	Л	П	Е	Ж

АВТОБУС
ТОПЛИВО
ТОРМОЗА
ГАРАЖ
ГАЗ
АВАРИЯ
ЛИЦЕНЗИЯ
КАРТА

МОТОЦИКЛ
МОТОР
ПЕШЕХОД
ПОЛИЦИЯ
ДОРОГА
ДВИЖЕНИЕ
ТРАНСПОРТ
ТУННЕЛЬ

19 - Sport

ъ	п	ъ	р	в	и	г	к	х	о	к	к	е	й
ч	б	р	в	е	г	о	о	б	с	с	щ	в	г
ч	е	б	к	л	р	л	м	я	а	п	я	ю	и
в	й	м	к	о	а	ь	а	т	ч	о	б	ж	м
ж	с	г	п	с	т	ф	н	р	х	р	а	а	н
с	б	ы	б	и	и	т	д	е	а	т	с	д	а
ф	о	я	ж	п	о	е	а	н	ф	с	к	в	с
к	л	у	х	е	я	н	д	е	у	м	е	и	т
ч	ш	ж	и	д	у	н	а	р	с	е	т	ж	и
г	и	м	н	а	з	и	я	т	у	н	б	е	к
ш	г	р	х	т	о	с	т	а	д	и	о	н	а
ю	р	у	щ	а	л	ю	ф	х	ь	д	л	и	п
е	о	б	р	ь	д	р	а	н	я	ь	к	е	л
ц	к	п	л	а	в	а	т	ь	с	т	ю	я	в

ТРЕНЕР

СУДЬЯ

СПОРТСМЕН

БЕЙСБОЛ

БАСКЕТБОЛ

ВЕЛОСИПЕД

ЧЕМПИОНАТ

ГИМНАСТИКА

ИГРОК

ИГРА

ГОЛЬФ

ХОККЕЙ

ДВИЖЕНИЕ

ПЛАВАТЬ

ГИМНАЗИЯ

КОМАНДА

СТАДИОН

ТЕННИС

20 - Giocattoli

```
К  Ю  Р  О  Б  О  Т  Л  С  К  Н  Я  Ф  Ч
Ь  У  А  Е  Н  Г  А  Е  Ю  Ю  Г  И  Ъ  Ы
И  О  К  В  М  Я  Ч  Л  О  Д  К  А  К  Т
Р  Р  Ф  Л  Т  Е  Е  С  А  М  О  Л  Е  Т
Ъ  Ч  М  М  А  О  С  Г  Я  М  К  Ю  Ь  В
Х  Б  Р  Е  О  П  М  Л  Е  Я  Н  Б  Г  Е
Ш  А  Х  М  А  Т  Ы  О  А  М  И  И  Л  Л
Г  Р  У  З  О  В  И  К  Б  А  Г  М  И  О
П  А  П  Щ  Ь  Б  Г  Ь  Ш  И  И  Ы  Н  С
О  Б  Д  Щ  Ш  О  Р  Я  Ц  Е  Л  Й  А  И
Е  А  У  Х  М  Е  Ы  Ч  Ъ  Ж  Ф  Ь  Ъ  П
З  Н  В  О  О  Б  Р  А  Ж  Е  Н  И  Е  Е
Д  Ы  Г  О  Л  О  В  О  Л  О  М  К  А  Д
И  Ш  Т  К  Р  А  С  К  И  Ю  М  Ш  Н
```

САМОЛЕТ	ВООБРАЖЕНИЕ
ГЛИНА	КНИГИ
РЕМЕСЛА	МЯЧ
АВТОМОБИЛЬ	ЛЮБИМЫЙ
КУКЛА	ГОЛОВОЛОМКА
ЛОДКА	РОБОТ
БАРАБАНЫ	ШАХМАТЫ
ВЕЛОСИПЕД	ПОЕЗД
ГРУЗОВИК	КРАСКИ
ИГРЫ	

21 - Uccelli

```
Ц В Л Л Л А С Н Е Т П Т Я П
П Е Л И К А Н Т Е О И У С А
Г В Ж Х А И Щ О Р Е Л К Т В
Ф О М Б В С С Ш Ф А К А Р Л
Л Р Л Л Е Т Г У С Ь У Н Е И
А О К У Ш Ф А Р Л Л Р С Б Н
М Б У Б Б П И Н Г В И Н С Ш
И Е К О Н Ь Ю К Р Ж Ц Н Н К
Н Й У Ч К Р К К А Ч А Й К А
Г Я Ш Ц А П Л Я Р Д Б Х Ш Ю
О Й К Ф Ф У П О П У Г А Й Ъ
Т Ц А И Б У Т А Ъ Н И Щ Ш Р
Ц О Ц Б Ф Ф И К Л Е Б Е Д Ь
Я П Щ Ф Р П Р Ъ А Ъ Т Р Ч Ц
```

ЦАПЛЯ   ПОПУГАЙ
УТКА   ВОРОБЕЙ
ОРЕЛ   ПАВЛИН
АИСТ   ПЕЛИКАН
ЛЕБЕДЬ   ГОЛУБЬ
КУКУШКА ПИНГВИН
ЯСТРЕБ   КУРИЦА
ФЛАМИНГО СТРАУС
ЧАЙКА   ТУКАН
ГУСЬ   ЯЙЦО

22 - Giorni e Mesi

```
А Ь А К Б И С Ю Ч Л У Д М Н
В П В М Р Ц У Ц С Ъ Н Г Е О
Г В Р Л Н П Б В Н Р Ф Г С Я
У О Д Е К А Б Р Ь Ъ Е О Я Б
С С Н Ъ Л В О И Ю Л Ь Д Ц Р
Т К Щ Ц Л Ь Т Ю И Х П Ъ А Ь
Ю Р С Л Е Ъ А Н К Щ Я Ф Щ С
Ф Е В Р А Л Ь Ь К О Т В Ю Е
Т С В Т О Р Н И К К Н О К Н
Х Е Р Л Ъ Л Л А С Т И Г Б Т
Ь Н Щ Н Ь Ь Ф Н Ы Я Ц Ц Б Я
С Ь Ж Ь Г Ф С Р Ш Б А Ч Ь Б
Н Е Д Е Л Я Н В А Р Ь Я Т Р
У К А Л Е Н Д А Р Ь М Ь Д Ь
```

АВГУСТ	ВТОРНИК
ГОД	СРЕДА
АПРЕЛЬ	МЕСЯЦ
КАЛЕНДАРЬ	НОЯБРЬ
ДЕКАБРЬ	ОКТЯБРЬ
ВОСКРЕСЕНЬЕ	СУББОТА
ФЕВРАЛЬ	СЕНТЯБРЬ
ЯНВАРЬ	НЕДЕЛЯ
ИЮНЬ	ПЯТНИЦА
ИЮЛЬ	

23 - Casa

С	Т	Е	Н	А	К	В	Ц	Б	Б	Т	О	Ф	Т
Щ	И	Ы	Щ	Ч	Ф	А	Ы	Ы	И	Ф	В	А	Ы
Г	А	Р	А	Ж	Ю	Д	У	Ш	Щ	К	С	И	Щ
Ы	Е	К	Ж	Л	Ъ	В	Н	Т	З	Ч	А	Г	Э
А	П	Д	Ъ	А	М	Е	Т	Л	А	К	Д	К	Т
Т	Ц	Е	С	М	Ф	Р	П	Ю	Б	А	К	О	А
П	Б	Р	Ы	П	Д	Ь	М	Ж	О	М	Е	М	Ж
В	В	С	В	А	С	Н	Е	О	Р	И	Б	Н	Б
Б	Ш	Х	К	Ч	Е	Р	Д	А	К	Н	Ъ	А	К
Е	Т	П	О	Т	О	Л	О	К	Н	Н	И	Т	У
Ч	Р	Щ	В	К	Р	А	Н	Ц	Б	Т	О	А	Х
Щ	З	Е	Р	К	А	Л	О	Р	Б	Ь	П	Ж	Н
Н	Щ	Б	И	Б	Л	И	О	Т	Е	К	А	Ч	Я
С	Ж	Ж	К	Р	Ы	Ш	А	Ж	Я	К	Ш	Ю	А

ЧЕРДАК	СТЕНА
БИБЛИОТЕКА	ЭТАЖ
КОМНАТА	ДВЕРЬ
КАМИН	ЗАБОР
КУХНЯ	КРАН
ДУШ	МЕТЛА
ОКНО	ПОТОЛОК
ГАРАЖ	ЗЕРКАЛО
САД	КОВРИК
ЛАМПА	КРЫША

24 - Ristorante #1

```
Б  Р  О  Н  И  Р  О  В  А  Н  И  Е  Н  Ж
К  Б  О  О  Д  Ж  А  К  К  О  Ф  Е  Д  Е
У  К  Л  Ж  Ш  Щ  Л  О  У  В  Н  Ч  Р  А
Х  К  О  А  Н  Ы  Л  Ф  П  Р  П  Я  Ъ  Н
Н  П  Ч  И  П  Я  Е  И  Я  Ф  И  О  Ъ  Н
Я  С  Р  Щ  Р  Ы  Р  Ц  Г  С  Р  Ц  Ъ  Е
Ю  А  У  Я  Р  У  Г  И  Б  И  С  Х  А  Д
Н  Л  Е  В  Н  Я  И  А  Ф  Ф  Ш  В  Е  Е
Л  Ф  П  Б  О  Ы  Я  Н  Я  Ф  В  Ш  Д  С
Щ  Е  Д  Ш  Ж  Ь  Й  Т  М  Я  С  О  Ч  Е
Ш  Т  Ы  К  Г  М  И  К  Е  Г  О  О  А  Р
Ъ  К  Т  Х  Л  Е  Б  А  Н  С  У  Ч  Ш  Т
К  А  С  С  И  Р  Х  Ы  Ю  Ч  С  П  А  Т
И  Н  Г  Р  Е  Д  И  Е  Н  Т  Ы  Ж  Щ  П
```

АЛЛЕРГИЯ	ДЕСЕРТ
КОФЕ	ИНГРЕДИЕНТЫ
ОФИЦИАНТКА	МЕНЮ
МЯСО	ХЛЕБ
КАССИР	ПРЯНЫЙ
ЕДА	КУРИЦА
ЧАША	БРОНИРОВАНИЕ
НОЖ	СОУС
КУХНЯ	САЛФЕТКА

25 - Fantascienza

```
И У В Е Ч Л К В К Х О Р Т А
Л К Л О Н Ы И З Н Н Г О Е Х
Л Ч В Ф О Ц Н Р И Ы О Б Х Ц
Ю Р М А Т Б О Ы Г Ь Н О Н А
З Д Ь У Л Ц Р В И М Ь Т О Т
И М Ф С Ц Е Н А Р И Й Ы Л О
Я О Р А К У Л Ф Ж Р Ч Щ О М
Щ Г А Л А К Т И К А Ь Щ Г Н
У Т О П И Я Ш О Б Щ Е У И Ы
П Л А Н Е Т А Р Б М Ж М Я Й
Т А И Н С Т В Е Н Н Ы Й Ы Р
Р Е А Л И С Т И Ч Н Ы Й К Й
Э К С Т Р Е М А Л Ь Н Ы Й Ъ
А Н Т И У Т О П И Я В П Ь К
```

АТОМНЫЙ	КНИГИ
КИНО	ТАИНСТВЕННЫЙ
КЛОНЫ	МИР
АНТИУТОПИЯ	ОРАКУЛ
ВЗРЫВ	ПЛАНЕТА
ЭКСТРЕМАЛЬНЫЙ	РЕАЛИСТИЧНЫЙ
ОГОНЬ	РОБОТЫ
ГАЛАКТИКА	СЦЕНАРИЙ
ИЛЛЮЗИЯ	ТЕХНОЛОГИЯ
ВООБРАЖАЕМЫЙ	УТОПИЯ

26 - Città

```
В  С  Ю  Д  Е  Б  К  А  Т  Л  К  А  Т  Я
Н  Ъ  У  Х  З  О  О  П  А  Р  К  Э  П  Л
Х  Б  Д  П  П  Щ  Е  Т  Е  А  Т  Р  М  Ш
Д  И  У  Ы  Е  Е  Р  Е  В  Я  Ж  О  У  С
Л  Б  Щ  К  К  Р  Ц  К  И  Н  О  П  З  Т
Ь  Л  Б  К  А  Ы  М  А  Ч  Ф  М  О  Е  А
Н  И  Х  А  Р  Н  М  А  Л  Ь  Г  Р  Й  Д
Ы  О  Ю  Н  Н  О  А  Х  Р  Ш  А  Т  Ф  И
И  Т  М  О  Я  К  Г  К  Щ  К  Л  И  Л  О
Р  Е  С  Т  О  Р  А  Н  Ь  О  Е  О  О  Н
С  К  Г  В  Ь  П  З  Ъ  Я  Л  Р  Т  Р  В
Д  А  К  Ь  Ь  У  И  В  Ж  А  Е  Е  И  Г
А  С  П  К  Л  И  Н  И  К  А  Я  Л  С  Ж
У  Н  И  В  Е  Р  С  И  Т  Е  Т  Ь  Т  Л
```

АЭРОПОРТ
БАНК
БИБЛИОТЕКА
КИНО
КЛИНИКА
АПТЕКА
ФЛОРИСТ
ГАЛЕРЕЯ
ОТЕЛЬ
РЫНОК

МУЗЕЙ
МАГАЗИН
ПЕКАРНЯ
РЕСТОРАН
ШКОЛА
СТАДИОН
СУПЕРМАРКЕТ
ТЕАТР
УНИВЕРСИТЕТ
ЗООПАРК

27 - Compleanno

```
К Р Ф К П К Ъ О К Ч П Щ К Ч
А К О П Р И Г Л А Ш Е Н И Я
Р Д А Ж П О Д А Р О К Т М С
Т Р П Л Д Ц Н В Р Е М Я О Ч
Ы У Е Д Е Е М У П Р Ц С Л А
П З С Е И Н Н Н Ы В Х В О С
Н Ь Н Н А О Д Н Щ Д А Е Д Т
О Я Я Ь Ь И Е А Ы Г Л Ч О Л
В Е С Е Л Ь Е Ы Р Й О И Й И
Я Ж М У Д Р О С Т Ь У Д В В
П Р А З Д Н О В А Н И Е П Ы
Т О Р Т У М Л Р О С О Б Ы Й
Г Х Р А Д О С Т Н Ы Й Х Щ Ф
В О С П О М И Н А Н И Я Щ Я
```

ДРУЗЬЯ	ДЕНЬ
ГОД	МОЛОДОЙ
КАЛЕНДАРЬ	ПРИГЛАШЕНИЯ
СВЕЧИ	РОЖДЕННЫЙ
ПЕСНЯ	ПОДАРОК
КАРТЫ	ВОСПОМИНАНИЯ
ПРАЗДНОВАНИЕ	МУДРОСТЬ
ВЕСЕЛЬЕ	ОСОБЫЙ
СЧАСТЛИВЫЙ	ВРЕМЯ
РАДОСТНЫЙ	ТОРТ

28 - Fattoria #1

```
О Л Ъ У К Л Ь Л Л С М Я Я С
П Ы Н К О Р О В А Ц Е Ф И Е
Щ М Н Х Ш Щ Т С П Я Д Н Щ М
У Р П П К Ж В Ь Ч У Я Ъ О Е
Ж Ж П Ъ А К О С Е Л У Ц Ю Н
Л Ц А С Т А Д О Л Н Д Ц Ц А
О Ч Ъ В О К А Ъ А П О Л Е С
Ш К П И Ч Б О Ф З А Б О Р К
А Т Т Н Ч Ю А З Ж П Р И С В
Д Е У Ь У О Ю К А З Е М Л Я
Ь Л В Я Р Н У Е А Е Н Ъ Д В
Ф Е П Б Я Р М Ч Ц И И Я А Х
Ф Ц Н В Ш Ю Г Ь Щ Ч Е Л Ж Н
С Ю Е В О К У Р И Ц А Ю О М
```

ВОДА	СТАДО
ПЧЕЛА	СВИНЬЯ
ОСЕЛ	МЕД
ПОЛЕ	КОРОВА
СОБАКА	КУРИЦА
КОЗА	ЗАБОР
ЛОШАДЬ	РИС
УДОБРЕНИЕ	СЕМЕНА
СЕНО	ЗЕМЛЯ
КОШКА	ТЕЛЕЦ

29 - Paesaggi

```
А В Ф А Г Ж Р С Щ Г М О Р Е
Й Е О О З Е Р О Ю М С О П Б
С Д Ъ Д Г Е Й З Е Р Ч А Е О
Б О О Ъ О Ч Х О Л М Ф З Щ Л
Е Ы В Л П П К П Л Я Ж И Е О
Р П Ю Ъ И Ю А В К Е Ф С Р Т
Г О Р А У Н Щ Д Р Т Д Л А О
Ы П Т Ц Б И А У Е У Ц Н С Ъ
Щ У Т О У Ф Ч Т К Н М Ы И Н
О С Т Р О В О И А Д Ь Ш О К
Р Т Я Ц Ф Б Ы Ы Б Р С Щ К Н
В Ы В У Л К А Н Ч А С Б Е Ц
Т Н П О Л У О С Т Р О В А О
К Я В Г Ь Л Л Т Е Р Ъ Н Н А
```

ВОДОПАД	МОРЕ
ХОЛМ	ГОРА
ПУСТЫНЯ	ОАЗИС
РЕКА	ОКЕАН
ГЕЙЗЕР	БОЛОТО
ЛЕДНИК	ПОЛУОСТРОВ
ПЕЩЕРА	ПЛЯЖ
АЙСБЕРГ	ТУНДРА
ОСТРОВ	ДОЛИНА
ОЗЕРО	ВУЛКАН

30 - Ristorante #2

```
Ч Г В Ы В Х П Ж Л Ф Ы Я О П
Ф Б И О Я К О Ы Д И Б Б Ь В
Т У Л Ф Д Р У Г Р Р Ы Ц Ь С
Г К К У Ч А Л С А Л А Т О О
Т Н А П И Т О К Н Г П Ь О Б
О О Т Ы Ю Е Ю В Р Ы Б А М Е
В В Р Л О Б Я Ш Х Г Й Е Р Д
О О В Т Ф С Я Г Ш Н Ц Л Ф З
Щ У Р У И Ф Ь Л С Т У Л Р А
И О Д И Ц Л О Ж К А Ъ Т У К
С П Е Ц И И Щ А С У П Ц К У
Ч Л Щ П А Р Ь Х О Ц О Ф Т С
Л Е Д Б Н Ъ Ж Т Л Я Х И П К
К Ч Ь Л Т Ы Ж Ъ Ь Г Я Й Ц А
```

ВОДА	САЛАТ
ЗАКУСКА	СУП
НАПИТОК	РЫБА
ОФИЦИАНТ	СОЛЬ
ОБЕД	СТУЛ
ЛОЖКА	СПЕЦИИ
ВКУСНЫЙ	ТОРТ
ВИЛКА	ЯЙЦА
ФРУКТ	ОВОЩИ
ЛЕД	

31 - Giardino

```
Д Г Ц В Е Т О К Ш Д У Ж Ж К
Т Е Г Л К Р Ы Л Ь Ц О Ж Б К
Е Ш Р Ю Б А Т У Т Ы Т М Ы У
Р Л А Е Ъ В М Ж З А Б О Р С
Р А Б С В А М А И Щ В Р Ф Т
А Н Л Я О О Ц Й Л О П А Т А
С Г И Н А Р Е К Ч Х О Т О Ь
А Я М Д Ы Н Н А Р В Ч С Щ Л
Х Ж Г С Ц Ю Ф Я С Ы В Н Г Н
Ш Ж А Г А Щ Ч Ю К Л А Ц К О
О Е Р А Б Д И Д А И Ъ Ы М Т
Ж У А Г А М А К М Б У М Е С
Д С Ж В Г В С Ю Ь Р М Ы И Л
В Е Щ М Д Ш Т С Я Л П Р У Д
```

ДЕРЕВО	КРЫЛЬЦО
ГАМАК	ЛУЖАЙКА
КУСТ	ГРАБЛИ
ТРАВА	ЗАБОР
СОРНЯКИ	ПРУД
ЦВЕТОК	ПОЧВА
ГАРАЖ	ТЕРРАСА
САД	БАТУТ
ЛОПАТА	ШЛАНГ
СКАМЬЯ	

32 - Frutta

```
Е  Е  Я  Г  Л  И  М  О  Н  Н  Ф  Л  М  А
К  Ф  И  Р  Я  Ъ  А  П  А  П  А  Й  Я  В
Ч  Ъ  Б  У  М  Ю  Н  М  М  Д  Е  Ъ  Ъ  О
А  Ю  Ы  Ш  Р  Д  Г  П  А  Я  И  Ю  Ц  К
В  И  Щ  А  Е  Т  О  Б  Е  Л  Г  Ч  Ш  А
А  Н  А  Н  А  С  Р  А  П  Р  И  О  П  Д
Б  Е  Л  Х  К  Ч  А  Н  И  Е  С  Н  Д  О
Р  К  И  В  И  Б  Н  А  Х  Ъ  Ю  И  А  А
И  Т  Д  У  Н  Ф  Ж  Н  Я  Б  Л  О  К  О
К  А  Я  Ц  Е  Ц  Е  С  Л  И  В  А  Ь  Б
О  Р  Д  Ы  Н  Я  В  И  Ш  Н  Я  С  Л  Щ
С  И  И  С  Х  В  Ы  Е  Ж  Е  В  И  К  А
Е  Н  Ф  Ф  Х  В  Й  Р  Ъ  Ф  С  Б  Т  Я
В  И  Н  О  Г  Р  А  Д  Ф  Ъ  Х  Д  А  Ю
```

АБРИКОС	МАНГО
АНАНАС	ЯБЛОКО
ОРАНЖЕВЫЙ	ДЫНЯ
АВОКАДО	ЕЖЕВИКА
ЯГОДА	НЕКТАРИН
БАНАН	ПАПАЙЯ
ВИШНЯ	ГРУША
КИВИ	ПЕРСИК
МАЛИНА	СЛИВА
ЛИМОН	ВИНОГРАД

33 - Fattoria #2

```
П  А  С  Т  И  Ф  М  Ж  А  С  М  С  О  Т
А  Ш  П  Р  Х  Р  О  Ц  М  С  Ы  Ь  Р  Ш
Ф  М  Е  Ы  К  У  Л  Л  Б  В  М  Ч  О  Ф
Я  Ю  Д  Н  Ъ  К  О  У  А  Ъ  Ю  Х  Ш  А
Ц  Г  А  А  И  Т  К  Г  Р  М  Ь  У  Е  Ф
Ю  Ц  Н  Ч  Г  Ц  О  Я  Г  Ж  А  П  Н  Е
У  И  Ь  Е  Ш  С  А  Ч  У  Л  Е  Й  И  Р
Т  Ч  Х  Т  Н  К  Ж  М  С  Р  У  П  Е  М
К  У  П  Р  Л  О  Ъ  Е  И  У  П  Ъ  М  Е
А  М  К  А  Н  В  К  Н  У  Ю  Ъ  О  М  Р
Р  В  Б  К  Ф  Ц  М  Ь  Ц  Н  Ю  Г  В  Ы
Щ  Л  В  Т  Ь  А  К  У  К  У  Р  У  З  А
Ж  И  В  О  Т  Н  Ы  Е  М  С  А  Д  Е  Я
Ж  Т  Е  Р  Х  Ь  Ь  Ч  Я  И  Е  Ь  Г  Ж
```

ЯГНЕНОК
ФЕРМЕР
УЛЕЙ
УТКА
ЖИВОТНЫЕ
ЕДА
АМБАР
ФРУКТ
САД
ПШЕНИЦА

ОРОШЕНИЕ
ЛАМА
МОЛОКО
КУКУРУЗА
ГУСИ
ЯЧМЕНЬ
ПАСТИ
ОВЦА
ЛУГ
ТРАКТОР

34 - Dinosauri

```
Х Ъ Ш Ю Э Р А З М Е Р З Ч Т
О В Д Л В В Е Д У Ж Ф Е А Р
Г И О И Ч Г О П Ц В У М К А
Р Д Б С Ю У О Л Т К К Л Р В
О Х Ы К Т М Т К Ю И Ы Я Ы О
М М Ч О Ц К О О Л Ц Л Ю Л Я
Н О А П У Т Д У Д П И И Ь Д
Ы Щ Ж А Б О Л Ь Ш О Й Я Я Н
Й Н Е Е Щ Ф Ч Е Ж Ч Ж В Л О
М Ы Щ М А М О Н Т Ы Ь А Ж Е
Ь Й М Ы В С Е Я Д Н Ы Й Х Р
И С Ч Е З Н О В Е Н И Е Р Т
Ш Г Ц Ш Ц Л П О Р О Ч Н Ы Й
К Р Ю У Р Щ Ь П Г Ю С К И Х
```

КРЫЛЬЯ	МОЩНЫЙ
ХВОСТ	ДОБЫЧА
ОГРОМНЫЙ	РЕПТИЛИЯ
ТРАВОЯДНОЕ	ИСЧЕЗНОВЕНИЕ
ЭВОЛЮЦИЯ	ВИД
ИСКОПАЕМЫЕ	РАЗМЕР
БОЛЬШОЙ	ЗЕМЛЯ
МАМОНТ	ПОРОЧНЫЙ
ВСЕЯДНЫЙ	

35 - Verdure

Ш	И	Я	К	А	Р	Т	О	Ф	Е	Л	Ь	А	П
А	Ж	О	Н	А	Ж	В	Г	П	И	Р	Т	Р	В
С	Ы	В	И	М	Б	И	Р	Ь	П	Е	Л	Т	Р
Б	Р	О	К	К	О	Л	И	Е	Ь	Д	А	И	Ь
С	Ы	П	Ш	Н	Г	П	Б	Ц	П	И	К	Ш	Ф
М	А	Ж	Ь	М	У	О	Е	Ч	Е	С	Н	О	К
Ь	О	Л	Ш	Ч	Р	М	Л	Р	И	М	Г	К	Б
Ж	В	Р	А	Ч	Е	И	Д	У	К	Ф	Л	Н	А
Д	Л	Е	К	Т	Ц	Д	М	В	К	Н	Ц	Н	К
Ч	И	П	Г	О	Р	О	Х	Р	Ъ	Ю	И	М	Л
Р	Б	А	Ю	С	В	Р	Н	И	Ъ	Р	Б	Т	А
Ш	У	В	С	Е	Л	Ь	Д	Е	Р	Е	Й	Р	Ж
Ш	М	Ш	П	И	Н	А	Т	Ы	К	В	А	П	А
П	Е	Т	Р	У	Ш	К	А	Ш	А	Л	О	Т	Н

ЧЕСНОК
БРОККОЛИ
АРТИШОК
МОРКОВЬ
ОГУРЕЦ
ЛУК
ГРИБ
САЛАТ
БАКЛАЖАН
КАРТОФЕЛЬ

ГОРОХ
ПОМИДОР
ПЕТРУШКА
РЕПА
РЕДИС
ШАЛОТ
СЕЛЬДЕРЕЙ
ШПИНАТ
ИМБИРЬ
ТЫКВА

36 - Scuola #2

```
Ф А В Т О Б У С Ъ К Ы О Ч Б
И С С Р Ю К З А К Н К Б Т И
О Г Г Ъ Ъ К А А Ш И А Р Е Б
С Ж Р В Ъ Н С Р М Г Л А Н Л
О Щ А Ы В Н Л К А И Е З И И
Б У М А Г А О О Т Н Н О Е О
У А М Ы И У В М Е О Д В Т Т
В Б А М В К А П М Ж А А Ш Е
Ь Ж Т Ф К А Р Ь А Н Р Н Ш К
У Ч И Т Е Л Ь Ю Т И Ь И Д А
Ъ Л К У Т Б Х Т И Ц Ц Е Ю Т
Я Ы А Н Щ Ч О Е К Ы К П Е Ь
Н Ю Я Л И Т Е Р А Т У Р А В
А К А Д Е М И Ч Е С К И Й О
```

АКАДЕМИЧЕСКИЙ	ГРАММАТИКА
АВТОБУС	УЧИТЕЛЬ
БИБЛИОТЕКА	ЛИТЕРАТУРА
КАЛЕНДАРЬ	ЧТЕНИЕ
БУМАГА	КНИГИ
КОМПЬЮТЕР	МАТЕМАТИКА
СЛОВАРЬ	КАРАНДАШ
ОБРАЗОВАНИЕ	ОБУВЬ
НОЖНИЦЫ	НАУКА
ИГРЫ	РЮКЗАК

37 - Barbecue

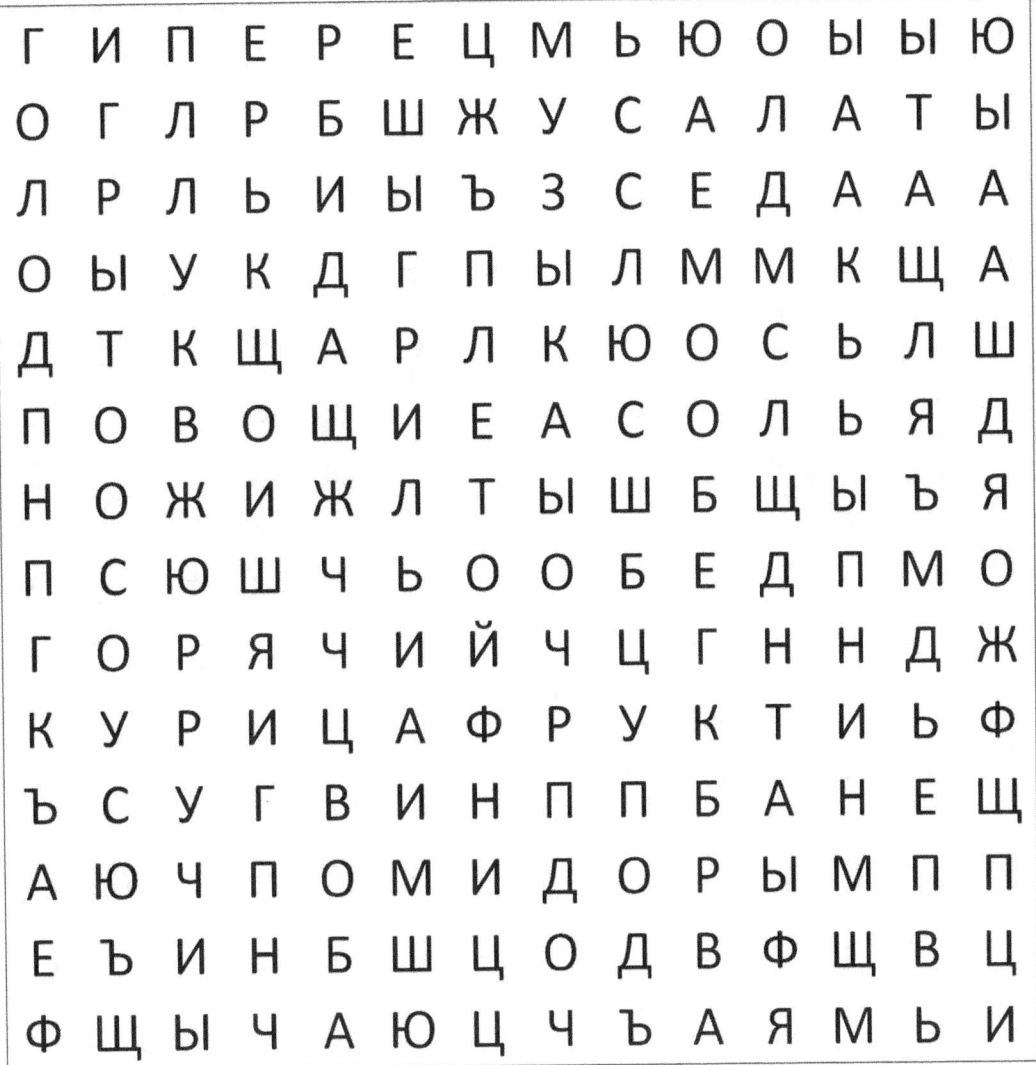

Г	И	П	Е	Р	Е	Ц	М	Ь	Ю	О	Ы	Ы	Ю
О	Г	Л	Р	Б	Ш	Ж	У	С	А	Л	А	Т	Ы
Л	Р	Л	Ь	И	Ы	Ъ	З	С	Е	Д	А	А	А
О	Ы	У	К	Д	Г	П	Ы	Л	М	М	К	Щ	А
Д	Т	К	Щ	А	Р	Л	К	Ю	О	С	Ь	Л	Ш
П	О	В	О	Щ	И	Е	А	С	О	Л	Ь	Я	Д
Н	О	Ж	И	Ж	Л	Т	Ы	Ш	Б	Щ	Ы	Ъ	Я
П	С	Ю	Ш	Ч	Ь	О	О	Б	Е	Д	П	М	О
Г	О	Р	Я	Ч	И	Й	Ч	Ц	Г	Н	Н	Д	Ж
К	У	Р	И	Ц	А	Ф	Р	У	К	Т	И	Ь	Ф
Ъ	С	У	Г	В	И	Н	П	П	Б	А	Н	Е	Щ
А	Ю	Ч	П	О	М	И	Д	О	Р	Ы	М	П	П
Е	Ъ	И	Н	Б	Ш	Ц	О	Д	В	Ф	Щ	В	Ц
Ф	Щ	Ы	Ч	А	Ю	Ц	Ч	Ъ	А	Я	М	Ь	И

ГОРЯЧИЙ	ГРИЛЬ
ОБЕД	САЛАТЫ
ЕДА	ПРИГЛАШЕНИЕ
ЛУК	МУЗЫКА
НОЖИ	ПЕРЕЦ
ЛЕТО	КУРИЦА
ГОЛОД	ПОМИДОРЫ
СЕМЬЯ	СОЛЬ
ФРУКТ	СОУС
ИГРЫ	ОВОЩИ

38 - Riempire

Р	Ж	Е	Ф	И	С	Ъ	Х	В	П	П	Е	Е	Л
Ч	Е	М	О	Д	А	Н	К	Е	А	А	А	А	Х
Б	А	С	С	Е	Й	Н	К	Д	К	П	Ь	М	Ч
Н	И	Б	У	О	С	Б	О	Р	Е	К	Щ	Ч	С
Ш	П	Б	М	Д	В	Ъ	Р	О	Т	А	Х	Н	Ц
Я	Р	Б	К	Ю	Н	К	О	Н	В	Е	Р	Т	Ю
К	М	Л	А	С	Р	О	Б	Л	О	Т	О	К	Ф
Б	У	Т	Ы	Л	К	А	К	В	А	З	А	Ф	К
К	О	Р	З	И	Н	А	А	Т	К	Ф	Ы	Ц	А
А	Р	Л	Д	Ж	С	Б	Р	П	Р	Ч	Ц	Ъ	Р
Р	О	П	И	М	Л	Р	О	О	Ю	У	В	В	Т
М	Ш	Ъ	С	Я	О	Т	Ъ	Ч	Я	Я	Б	Д	О
А	Ъ	Ч	Ж	Е	Л	Ф	Х	И	К	С	Ц	К	Н
Н	Т	У	М	Ю	Я	Ъ	Ш	Ю	П	А	С	Ц	А

БАССЕЙН
БОЧКА
СУМКА
БУТЫЛКА
КОНВЕРТ
ПАПКА
КАРТОН
КОРЗИНА
СУДНО

ПАКЕТ
КОРОБКА
ВЕДРО
КАРМАН
ТРУБКА
ЧЕМОДАН
ВАЗА
ЛОТОК

39 - Insetti

```
Т Ю Щ Ж Ч Х Р Ъ П Л Ч Т Т Ь
Б М И С О Ч Л Я Ш Ц С А Л Ч
Х Г М Г Ю Ь Ъ Ю Е Е Ы Ц Я Ц
Б Б О Ж Ь Я К О Р О В К А М
Ъ О Н У Ж В И И Ш В Ж А Ъ Ч
Б Р Г К Г С Т Р Е К О З А Е
Л А К О Д К У З Н Е Ч И К Р
О Я Б Ъ М Е Ц Ы Ь Г Ю Т К В
Х Ь Р О А О Ъ Ю Ц Н Т Д Х Ь
А Ч Ю О Ч В Л И Ч И Н К А М
П Ч Е Л А К Т А Р А К А Н И
Т Е Р М И Т А Т К О М А Р Ф
М У Р А В Е Й Ж Я О А Ф Д Д
О С А С А Р А Н Ч А Ы Л Ч А
```

ТЛЯ	СТРЕКОЗА
ПЧЕЛА	САРАНЧА
ШЕРШЕНЬ	БОГОМОЛ
КУЗНЕЧИК	БЛОХА
ЦИКАДА	ТАРАКАН
БОЖЬЯ КОРОВКА	ТЕРМИТ
ЖУК	ЧЕРВЬ
БАБОЧКА	ОСА
МУРАВЕЙ	КОМАР
ЛИЧИНКА	

40 - Erboristeria

```
Ш Я Х М А П Ш А Ф Р А Н Л И
Ш У Л М Ч М Е Ю Г Ь М Л А Н
Ф Е Н Х Е Л Ь Т Ц Х Д Ы В Г
О У К У Л И Н А Р Н Ы Й А Р
К Г Н С М И В Ь Я У Ц Ц Н Е
М А Й О Р А Н П Ф Ы Ш Х Д Д
Я Т Ч Б Ч Т И М Ь Я Н К А И
Т У Д Е Е О Р Е Г А Н О А Е
А Г К Э С Т Р А Г О Н Б Б Н
Ы Г Я Р Н Т С А Д Л Б Ф Р Т
У Ж Ц Б О Ц В Е Т О К М О Ъ
Ы Ц Е Т К П Р О З М А Р И Н
А Р О М А Т И Ч Е С К И Й О
Б А З И Л И К З Е Л Е Н Ы Й
```

ЧЕСНОК	ЛАВАНДА
УКРОП	МАЙОРАН
АРОМАТИЧЕСКИЙ	МЯТА
БАЗИЛИК	ОРЕГАНО
КУЛИНАРНЫЙ	ПЕТРУШКА
ЭСТРАГОН	КАЧЕСТВО
ФЕНХЕЛЬ	РОЗМАРИН
ЦВЕТОК	ТИМЬЯН
САД	ЗЕЛЕНЫЙ
ИНГРЕДИЕНТ	ШАФРАН

41 - Danza

```
Т  П  О  З  А  Ш  Ы  Ж  Г  Ц  К  Р  Д  Ы
Р  А  А  К  А  Д  Е  М  И  Я  У  Г  Ц  О
А  Р  И  Т  М  Т  Е  Л  О  Л  Л  Г  Ф  М
Д  Т  С  Р  Е  Т  Я  Ж  Х  В  Ь  И  Ч  Р
И  Н  К  Е  И  Р  А  Д  О  С  Т  Н  Ы  Й
Ц  Е  У  П  У  Я  Ж  Ч  Р  К  У  М  Ш  Ь
И  Р  С  Е  Р  Ж  М  Т  Е  У  Р  Е  Х  С
О  П  С  Т  Е  Д  Т  Ф  О  Л  Н  Г  Э  Ю
Н  Ч  Т  И  У  Я  П  Н  Г  Ь  Ы  Р  М  Ы
Н  Ч  В  Ц  Л  С  Ч  Т  Р  Т  Й  А  О  Ф
Ы  Е  О  И  М  У  Г  У  А  У  Т  Ц  Ц  О
Й  Х  М  Я  Ш  М  Я  У  Ф  Р  К  И  И  О
Д  В  И  Ж  Е  Н  И  Е  И  А  Ж  Я  Я  Ш
М  У  З  Ы  К  А  У  Б  Я  К  Д  Ы  Ц  Д
```

АКАДЕМИЯ	РАДОСТНЫЙ
ИСКУССТВО	ГРАЦИЯ
ПАРТНЕР	ДВИЖЕНИЕ
ХОРЕОГРАФИЯ	МУЗЫКА
ТЕЛО	ПОЗА
КУЛЬТУРА	РЕПЕТИЦИЯ
КУЛЬТУРНЫЙ	РИТМ
ЭМОЦИЯ	ТРАДИЦИОННЫЙ

42 - Commedia

```
П К Е А В А Ъ И Л Ы Д А Ц Ч
А Л Н П Ы Ч Я Г Л И Е Ъ Ш Х
Р О Ф Л Р А У Д И Т О Р И Я
О У У О А К Ш У М Н Ы Й М Т
Д Н Я Д З Т Ю У П И Ч Д П Е
И Ы Т И И Е Ж М Т Н Ь А Р Л
Я Б П С Т Р А Т О К Я Ь О Е
Е Ы С М Е Ш Н О Й Р И Л В В
Г П М Е Л Т Р Ь Т Т Х У И И
Т М Е Н Ь В Е С Е Л Ь Е З Д
Б Е Х Т Н Я А К Т Р И С А Е
Т Ф А Ы Ы Ш Я Ю К П Ц Ъ Ц Н
С Ы Ю Т Й О М М Ы А Ъ М И И
Ъ М И Ж Р Н М У Ц Щ С В Я Е
```

АПЛОДИСМЕНТЫ	УМНЫЙ
АКТЕР	ПАРОДИЯ
АКТРИСА	АУДИТОРИЯ
КЛОУНЫ	СМЕХ
СМЕШНОЙ	ШУТКИ
ВЕСЕЛЬЕ	ТЕАТР
ВЫРАЗИТЕЛЬНЫЙ	ТЕЛЕВИДЕНИЕ
ЖАНР	ЮМОР
ИМПРОВИЗАЦИЯ	

43 - Scuola #1

```
М Б Е В Ы В М Ы Х Г Щ У М Э
Х А В Е И Е В Ф Б Ц М Ч Е К
Д М Т С Б О Б Е Д Ь Н И Я З
Р Ъ А Е У Щ Ч Ч Б Д Ъ Т К А
Я Ц Ц Л М Т Р У Ч К И Е Н М
Ш Ч К Ь А А О Б Н И Ж Л И Е
Ы Ы Т Е Г Р Т Ь Р Ч Т Ь Г Н
П Х Р П А П К И О Ч М А И Ы
К А Р А Н Д А Ш К П А Д Т Ы
Ч И С Л А С Ф Ы О А Р Р С Ь
А Л Ф А В И Т А Е А К У Т Т
О Т В Е Т Ы Б О И Щ Е З У Я
О Р Ф А Ш Х У Щ Л П Р Ь Л А
Б И Б Л И О Т Е К А Ы Я Ю Ч
```

АЛФАВИТ	МАРКЕРЫ
ДРУЗЬЯ	МАТЕМАТИКА
БИБЛИОТЕКА	КАРАНДАШ
БУМАГА	ЧИСЛА
ПАПКИ	РУЧКИ
ВЕСЕЛЬЕ	ОБЕД
ЭКЗАМЕНЫ	ОТВЕТЫ
УЧИТЕЛЬ	СТОЛ
ЧИТАТЬ	СТУЛ
КНИГИ	

44 - Fiori

```
К Ж О Ю В Г Щ А Щ Д Г Е В Г
Л А Н Р Ц У О Ф П М А К В И
Е С Г О Х П Ф В К Ф Р Ъ Р Б
В М Х З Л И Л И Я М Д Д П И
Е И К А Т О Д П Б А Е П Л С
Р Н Я Н В Н Г Е Ю Р Н О Ю К
С И Р Е Н Ь В Д Я Г И Д М У
К А Л Е Н Д У Л А А Я С Е С
О Д У В А Н Ч И К Р Х О Р Ж
Х О Т М А Г Н О Л И Я Л И А
С Н Г О Ф Б У К Е Т Г Н Я К
Л Е П Е С Т О К Г К Ю У И М
Л А В А Н Д А Х В А Ю Х Т Ш
Т Ю Л Ь П А Н Ю Л Ж Б И Ы Ъ
```

КАЛЕНДУЛА	МАРГАРИТКА
ОДУВАНЧИК	БУКЕТ
ГАРДЕНИЯ	ОРХИДЕЯ
ЖАСМИН	МАК
ЛИЛИЯ	ПИОН
ПОДСОЛНУХ	ЛЕПЕСТОК
ГИБИСКУС	ПЛЮМЕРИЯ
ЛАВАНДА	РОЗА
СИРЕНЬ	КЛЕВЕР
МАГНОЛИЯ	ТЮЛЬПАН

45 - Ecologia

```
Ф  Ю  Р  С  О  О  Б  Щ  Е  С  Т  В  А  Г
А  В  Е  В  О  Л  О  Н  Т  Е  Р  Ы  Г  Л
У  Ы  С  Ч  Ы  Х  И  Е  Е  Я  Б  Я  Е  О
Н  Ж  У  У  Ч  Ж  М  Ф  С  П  О  И  М  Б
А  И  Р  Ф  Л  О  Р  А  Т  Т  Л  Р  О  А
З  В  С  Ю  Щ  И  Д  А  Е  Е  О  Х  Р  Л
О  А  Ы  П  В  В  О  Г  С  Ж  Т  Я  С  Ь
К  Н  С  К  Л  И  М  А  Т  Т  О  Ж  К  Н
И  И  Д  У  У  Д  Ъ  С  В  Ф  Е  Х  О  Ы
Р  Е  Ж  Д  Х  Т  Х  У  Е  Ю  Б  Н  Й  Й
Ж  А  Ъ  К  Г  А  Ъ  Ю  Н  А  И  Ф  И  Ф
П  Р  И  Р  О  Д  А  Р  Н  Д  П  Ж  Ы  Я
Н  В  Р  Ъ  Р  Щ  Ф  Б  Ы  И  Ж  В  Л  П
Ы  Ъ  Ю  Ъ  Ы  А  А  Е  Й  И  Ъ  Ф  Х  К
```

КЛИМАТ
СООБЩЕСТВА
ФАУНА
ФЛОРА
ГЛОБАЛЬНЫЙ
МОРСКОЙ
ГОРЫ
ПРИРОДА

ЕСТЕСТВЕННЫЙ
БОЛОТО
РАСТЕНИЯ
РЕСУРСЫ
ЗАСУХА
ВЫЖИВАНИЕ
ВИД
ВОЛОНТЕРЫ

46 - Discipline Scientifiche

```
Е  Б  Х  Е  Б  Л  Э  Я  П  Л  М  У  Н  М
Б  О  Т  А  Н  И  К  А  С  Ч  М  М  Е  И
Г  Б  П  Р  А  Н  О  Ц  И  Ж  С  Х  В  Н
Е  И  М  Х  Н  Г  Л  Л  Х  К  Ф  П  Р  Е
О  О  Е  Е  А  В  О  Р  О  Б  И  Ф  О  Р
Л  Х  Х  О  Т  И  Г  К  Л  Г  З  В  Л  А
О  И  А  Л  О  С  И  Т  О  М  И  А  О  Л
Г  М  Н  О  М  Т  Я  А  Г  Ц  О  Я  Г  О
И  И  И  Г  И  И  Ы  Д  И  М  Л  Н  И  Г
Я  Я  К  И  Я  К  Ь  Ю  Я  У  О  Ш  Я  И
Х  К  А  Я  Б  А  В  И  Ш  Ц  Г  Ю  Ы  Я
А  С  Т  Р  О  Н  О  М  И  Я  И  О  Ш  Ч
Х  И  М  И  Я  Б  Ж  Ч  С  А  Я  Д  Ш  У
Т  Е  Р  М  О  Д  И  Н  А  М  И  К  А  Ъ
```

АНАТОМИЯ	ФИЗИОЛОГИЯ
АРХЕОЛОГИЯ	ГЕОЛОГИЯ
АСТРОНОМИЯ	ЛИНГВИСТИКА
БИОХИМИЯ	МЕХАНИКА
БИОЛОГИЯ	МИНЕРАЛОГИЯ
БОТАНИКА	НЕВРОЛОГИЯ
ХИМИЯ	ПСИХОЛОГИЯ
ЭКОЛОГИЯ	ТЕРМОДИНАМИКА

47 - Scienza

```
Г  Э  В  О  Л  Ю  Ц  И  Я  С  Ф  Г  Д  Л
Е  Ь  К  А  Р  Д  А  Н  Н  Ы  Е  Ч  У  А
Ю  Б  О  Ы  Ъ  Г  Ч  А  С  Т  И  Ц  Ы  Б
У  Ч  Е  Н  Ы  Й  А  К  Л  И  М  А  Т  О
М  Ф  Г  Д  А  Ш  А  Н  С  Б  А  О  Ф  Р
Е  И  Э  К  С  П  Е  Р  И  М  Е  Н  Т  А
Т  З  Н  Ч  Щ  К  Ж  Ф  Ж  З  Р  Н  Ж  Т
О  И  В  Е  Б  Ф  А  К  Т  И  М  Я  Ы  О
Д  К  Е  Ш  Р  М  О  Л  Е  К  У  Л  Ы  Р
У  А  Т  О  М  А  Ф  Ц  Ь  Ф  Ь  И  А  И
Ц  Ш  Х  Н  А  Б  Л  Ю  Д  Е  Н  И  Е  Я
Ц  Ж  Л  Б  М  Н  Ь  Ы  Л  О  Ъ  Ш  Е  Щ
И  С  К  О  П  А  Е  М  О  Е  М  И  Г  Щ
П  Р  И  Р  О  Д  А  М  Д  Щ  Ю  В  Х  Ц
```

АТОМ	МЕТОД
КЛИМАТ	МИНЕРАЛЫ
ДАННЫЕ	МОЛЕКУЛЫ
ЭКСПЕРИМЕНТ	ПРИРОДА
ЭВОЛЮЦИЯ	ОРГАНИЗМ
ФАКТ	НАБЛЮДЕНИЕ
ФИЗИКА	ЧАСТИЦЫ
ИСКОПАЕМОЕ	УЧЕНЫЙ
ЛАБОРАТОРИЯ	

48 - Acqua

```
Г О К У Г Н О Ы Ф В С Н Е Г
Е Р К Т В Б Л Ж Ч Д О А Ф Ф
Й О М Е Л Ь П И Т Ь Е В О Й
З Ш У О А Ж А С Ч М Ч О Я Л
Е Е С З Ж Н Р П М О Ю Д Ь Г
Р Н С Е Н Ъ У А Л Р П Н Н Х
Е И О Р О Ц А Р Ч О Л Е Ф Н
К Е Н О С Н Е Е А З Е Н Щ Х
А Т У М Т Я И Н К Г Д И Л С
Ф Ц Ь Д Ь Ц Ц И Б А А Е В В
О Ы Я У К Я Т Е Ч А Н Н Ш О
И П О Ш М Л И Б Ы Т Ф А Я Л
У К Х Д О Ж Д Ь С Г Е Ь Л Н
Т Ы Ь Б Н Ю Ж Ы Н Т Ю Ъ Ф Ы
```

НАВОДНЕНИЕ   МУССОН
КАНАЛ   СНЕГ
ДУШ   ОКЕАН
ИСПАРЕНИЕ   ВОЛНЫ
РЕКА   ДОЖДЬ
МОРОЗ   ПИТЬЕВОЙ
ГЕЙЗЕР   ВЛАЖНОСТЬ
ЛЕД   УРАГАН
ОРОШЕНИЕ   ПАР
ОЗЕРО

49 - Gatti

```
З А С Т Е Н Ч И В Ы Й Ц Н О
Л А П А Ж Ф Ц Ж П Щ К С Е Х
Л Ю С И Д Ы Н В Щ П Д Ъ З Ч
Ю Х Б М А Л Е Н Ь К И Й А С
Б В Ы О Ы Ы А М Е Х К П В У
Я О С С П А Т Ь Ы Р И И И М
Щ С Т Ж К Ы М Я Ж Ш Й Г С А
И Т Р П И Г Т Р Х Б Ь Р И С
Й Ъ О С М Е Ш Н О Й О И М Ш
К О Г О Т Ь П Ъ Ы Е У В Ы Е
О Х О Т Н И К Р Ю Й Ф Ы Й Д
Л И Ч Н О С Т Ь Я Ш Х Й Ъ Ш
Ш Ж Р О Р Л Б У Ъ Ж В К И И
Д Ъ Я Ы О Г П Ч Ъ А А Ф Ы Й
```

ЛЮБЯЩИЙ	СУМАСШЕДШИЙ
КОГОТЬ	МЕХ
ОХОТНИК	ЛИЧНОСТЬ
ХВОСТ	МАЛЕНЬКИЙ
ЛЮБОПЫТНЫЙ	ДИКИЙ
СМЕШНОЙ	ЗАСТЕНЧИВЫЙ
СПАТЬ	МЫШЬ
ПРЯЖА	БЫСТРО
ИГРИВЫЙ	ЛАПА
НЕЗАВИСИМЫЙ	

50 - Surf

Р	Э	П	О	П	У	Л	Я	Р	Н	Ы	Й	И	Ч
И	Щ	К	Ы	С	К	О	Р	О	С	Т	Ь	П	Ъ
Ш	Ь	Ж	С	И	Л	А	И	Ю	Т	Ц	Ъ	О	Ю
Ф	Х	Т	Ж	Т	Щ	Ч	Ъ	И	И	К	Ц	Г	У
Ъ	В	Б	Ц	Ф	Р	В	Ж	Е	Л	У	Д	О	К
П	П	Е	Н	А	Ы	Е	Г	В	Ь	М	А	Д	С
Ч	Л	Ц	Ю	О	Л	С	М	Ь	В	Р	К	А	Х
Е	Я	А	Ю	К	М	Е	Ф	А	О	П	И	П	Я
М	Ж	Ю	В	Е	С	Л	О	Ц	Л	Л	Ж	Ф	К
П	Г	Р	Д	А	Ц	Ь	Ф	Н	Ь	Б	К	Я
И	Б	Щ	Ф	Н	Т	Е	Г	Ч	А	Ы	Н	П	Ц
О	Ь	Ь	В	У	Р	Ь	Н	Р	Щ	Ш	К	Ы	Ц
Н	Ы	Ш	Ъ	Ш	Х	Т	Н	Т	О	Л	П	Ы	Й
С	П	О	Р	Т	С	М	Е	Н	Ф	А	У	Ш	Ш

СПОРТСМЕН	ВОЛНА
ЧЕМПИОН	ВЕСЛО
ВЕСЕЛЬЕ	ПОПУЛЯРНЫЙ
ЭКСТРЕМАЛЬНЫЙ	ПЕНА
ТОЛПЫ	РИФ
СИЛА	ПЛЯЖ
ПОГОДА	СТИЛЬ
ПЛАВАТЬ	ЖЕЛУДОК
ОКЕАН	СКОРОСТЬ

51 - Imbarcazioni

```
К В Ш Г С Л И Г Р Ы Б Ц Ю А
К Р Ь М Ю Б П Р Д Т И Ы Ц Б
Я М Д В И Г А Т Е Л Ь Ю Д В
Ц О О З Е Р О Т Щ К К Б Ь О
Ч К К Р Я К О Р Ь М А Б Ш Л
Т Е Ж Ы Я Х Т А Р О К У П Н
Т А Э В Л К И И Г Р А Й Р Ы
К Н Н К Б Ф Ч Ц С Е Я С И Ц
О Ч У Р И М Ц А Е Р К Ы Л Ц
Ч Т В А Н П А Р О М Т Д И Ч
Ч И С Л Т Л А У Ш М П У В Н
М Д К Б Ы Ж П Ж О О Л Ъ Ы Б
К А Н О Э М О Р С К О Й Ы Ж
В Е Р Е В К А М А Ч Т А Ф Ы
```

МАЧТА	МОРЕ
ЯКОРЬ	ПРИЛИВ
БУЙ	МОРЯК
КАНОЭ	ДВИГАТЕЛЬ
ВЕРЕВКА	МОРСКОЙ
ДОК	ОКЕАН
ЭКИПАЖ	ВОЛНЫ
РЕКА	ПАРОМ
КАЯК	ЯХТА
ОЗЕРО	ПЛОТ

52 - Api

А	Е	Н	Щ	В	П	Д	Б	В	Ъ	К	Э	Р	Р
Д	У	Д	А	Ж	Х	Н	Ф	Щ	А	Н	К	А	Б
Ъ	Ч	Ы	А	С	Ю	Н	А	В	А	Е	О	С	О
А	К	М	Ц	В	Е	Т	Ы	Ш	Ц	Ф	С	Т	О
М	М	Ю	Ь	Ю	Ц	К	Х	Г	Е	У	И	Е	В
Ж	Ф	Р	У	К	Т	В	О	Ч	Б	Д	С	Н	К
Ж	П	Ы	Л	Ь	Ц	А	Е	М	Е	Д	Т	И	О
С	А	Д	Е	Е	И	Б	Я	Т	О	А	Е	Я	Р
Б	Р	О	Й	Д	И	Ю	К	Т	Е	Е	М	Ы	О
К	Р	Ы	Л	Ь	Я	У	Ф	Н	С	Н	А	Ь	Л
Ъ	Р	А	З	Н	О	О	Б	Р	А	З	И	Е	Е
С	О	Л	Н	Ц	Е	А	Ч	А	Д	К	С	Е	В
Ч	В	Ы	Г	О	Д	Н	Ы	Й	В	О	С	К	А
Р	Ж	Ь	Ц	В	Х	Ч	Е	И	И	Ю	Я	Г	К

КРЫЛЬЯ
УЛЕЙ
ВЫГОДНЫЙ
ВОСК
ЕДА
РАЗНООБРАЗИЕ
ЭКОСИСТЕМА
ЦВЕТЫ
ЦВЕТЕНИЕ
ФРУКТ

ДЫМ
САД
НАСЕКОМОЕ
МЕД
РАСТЕНИЯ
ПЫЛЬЦА
КОРОЛЕВА
РОЙ
СОЛНЦЕ

53 - Strumenti Musicali

```
Б А Р А Б А Н Д Б Л Ц М Б П
М К Ф Л Е Й Т А О Т У Д У Е
М А Н Д О Л И Н А Щ Т Г Б Р
С К Р И П К А Г О Н Г Т Е К
Д Е Е И Щ Ю Т Р О М Б О Н У
Ф П И Ф М Ч К Ъ В Б Щ Ж Г С
Ф А Г О Т Б Л П И А О Я А С
Л М Ц Щ П И А Н И Н О Й Р И
С Щ Ш А Т Ш Р Я В Д К Т М Я
Ц Я М Ъ Р У Н М Д Ж П Х О Я
А Р Ф А У Ш Е Ц Х О С Ц Н Ш
П Г У К Б Ю Т Х Х Ч Ь У И Т
К Г Ь У А Г И Т А Р А Ш К Т
У К Ю К С А К С О Ф О Н А Щ
```

ГАРМОНИКА
АРФА
БАНДЖО
ГИТАРА
КЛАРНЕТ
ФАГОТ
ФЛЕЙТА
ГОНГ
МАНДОЛИНА
МАРИМБА

ГОБОЙ
ПЕРКУССИЯ
ПИАНИНО
САКСОФОН
БУБЕН
БАРАБАН
ТРУБА
ТРОМБОН
СКРИПКА

54 - Professioni #2

```
Л П Щ Ж А С Ф Ю И Х Р А З С
С И И Ш У И С И Д У Д Ъ О Л
Т Л Н Д Ъ Р С П Л Д В Ц О Е
О О Ж Г Щ И Н С О О С Щ Л Д
М Т Е Ч В Л Щ А С Ж С Т О О
А Щ Н П Л И И Ф Л Н Р О Г В
Т С Е Ю О Н С О Ь И А Е Ф А
О П Р П Щ Б А Т М К С Р О Т
Л С Ш Щ Ц Б Д О Н В О Т Х Е
О Ъ Б И О Л О Г Ъ Ц П Р И Л
Г П К К Б Ч В Р А Ч Ц Г Р Ь
В А С Т Р О Н А В Т П Т У Г
П Г М Ю Ч М И Ф С Р Ы Ш Р Д
И Ъ Ж Р Ь Ч К Е Ю С Б Х Г Ъ
```

АСТРОНАВТ	ИНЖЕНЕР
БИОЛОГ	СЛЕДОВАТЕЛЬ
ХИРУРГ	ЛИНГВИСТ
СТОМАТОЛОГ	ВРАЧ
ФИЛОСОФ	ПИЛОТ
ФОТОГРАФ	ХУДОЖНИК
САДОВНИК	ЗООЛОГ
ЖУРНАЛИСТ	

55 - Letteratura

```
А Н Е К Д О Т П Я Е З И Б Т
В Н Ц Ъ Х Н Ж О О Ж А Н Р Р
Т Ц А Г Я Х М Э П К К В Ч А
О Р Х Л У Т Я Т И Ч Л Ы Х Г
Р Ч О Х О Д Е И С Ч Ю Ф Л Е
Р Ц М М Ъ Г К К А О Ч А Ю Д
Б И Е О А У И А Н Т Е М А И
М С Т И Х Н П Я И Ь Н К Н Я
Г Т А М Н Е Н И Е В И Н А Ы
Р И Ф М А Б П Х Ъ М Е Ш Л Ы
Н Л О Г Б Х Д И А Л О Г И Х
Щ Ь Р Б И О Г Р А Ф И Я З У
С Р А В Н Е Н И Е М Ъ И Ч Я
И Я Ж У О Р Ъ Х Ш Ш О С Ь Р
```

АНАЛИЗ	МЕТАФОРА
АНАЛОГИЯ	МНЕНИЕ
АНЕКДОТ	СТИХ
АВТОР	ПОЭТИКА
БИОГРАФИЯ	РИФМА
ЗАКЛЮЧЕНИЕ	РИТМ
СРАВНЕНИЕ	РОМАН
ОПИСАНИЕ	СТИЛЬ
ДИАЛОГ	ТЕМА
ЖАНР	ТРАГЕДИЯ

56 - Cibo #2

```
Б  Б  Ь  Б  Л  П  Ь  П  С  И  Л  С  П  Ш
Р  Ц  Ь  А  Ц  Б  Ш  Н  Ы  У  А  Щ  О  О
О  Й  В  К  Ц  Ф  А  Е  Р  И  С  А  М  К
К  О  Х  Л  Е  Б  В  Н  Н  Щ  Л  К  И  О
К  Г  Ъ  А  Я  Й  Ц  О  А  И  А  Ж  Д  Л
О  У  Ж  Ж  Р  Ы  Б  А  Д  Н  Ц  У  О  А
Л  Р  И  А  И  П  К  Ы  Р  К  П  А  Р  Д
И  Т  Щ  Н  С  У  У  Ъ  К  М  Ч  Р  Ж  С
К  В  И  Н  О  Г  Р  А  Д  Я  О  Д  О  Ш
Ы  И  Н  А  Ф  Г  И  Я  Б  Л  О  К  О  Ф
Л  Ш  В  Ы  Т  Ц  Ц  Л  Х  Л  Б  Ь  Ь
Р  Ш  О  И  Т  А  А  В  Е  Т  Ч  И  Н  А
В  И  Ш  Н  Я  Г  Р  И  Б  М  Ы  С  Х  Ь
С  Е  Л  Ь  Д  Е  Р  Е  Й  Ь  Ш  Р  Д  А
```

БАНАН	ХЛЕБ
БРОККОЛИ	РЫБА
ВИШНЯ	КУРИЦА
ШОКОЛАД	ПОМИДОР
СЫР	ВЕТЧИНА
ГРИБ	РИС
ПШЕНИЦА	СЕЛЬДЕРЕЙ
КИВИ	ЯЙЦО
ЯБЛОКО	ВИНОГРАД
БАКЛАЖАН	ЙОГУРТ

57 - Nutrizione

```
С О У С К А Л О Р И И А П Д
К Ъ З Д О Р О В Ы Й П Д Щ Ш
К Ф Е Р М Е Н Т А Ц И Я Ъ А
Л Ц Ж Д Ж И Д К О С Т И К Д
Н Ю Ъ Ш О Н У Т Р И Е Н Т Ч
В К У С Т Б М Х Ц Д У П Г Т
К З Ъ Н Х Г Н Б С А Г Ж О О
А М Д Х Т Щ С Ы Ф П Л Щ Р К
Ч Н И О О И Ж Я Й П Е Ч Ь С
Е У Е И Р Ш Ч Ж Б Е В Ц К И
С Ф Т Ч Ь О М Д О Т О Х И Н
Т М А Ы Щ Г В Е С И Д Р Й И
В Б Е Л К И Р Ь Ф Т Ы М Н Д
О П И Щ Е В А Р Е Н И Е Ь Я
```

ГОРЬКИЙ	НУТРИЕНТ
АППЕТИТ	ВЕС
КАЛОРИИ	БЕЛКИ
УГЛЕВОДЫ	КАЧЕСТВО
СЪЕДОБНЫЙ	СОУС
ДИЕТА	ЗДОРОВЬЕ
ПИЩЕВАРЕНИЕ	ЗДОРОВЫЙ
ФЕРМЕНТАЦИЯ	СПЕЦИИ
ВКУС	ТОКСИН
ЖИДКОСТИ	

58 - Matematica

Э	У	Г	Л	Ы	Ь	Л	Ю	Ь	Ш	Т	Д	Е	Я
Р	К	Ф	О	Ч	Л	П	Е	Р	И	М	Е	Т	Р
А	У	С	И	М	М	Е	Т	Р	И	Я	С	Щ	Ь
Д	Р	Х	П	С	У	М	М	А	Ц	Ц	Я	Ш	Ч
И	А	П	Л	О	Щ	А	Д	Ь	Я	М	Т	П	Ж
У	В	Г	Л	П	Н	О	Б	Ъ	Е	М	И	Ж	Щ
С	Н	Д	И	А	М	Е	Т	Р	Л	Д	Ч	У	П
Д	Е	Л	Е	Н	И	Е	Н	Д	Ю	Ф	Н	Ч	О
Ш	Н	М	У	К	Ч	Н	Ъ	Т	Щ	А	Ы	Ы	Л
Е	И	Ф	Р	А	К	Ц	И	Я	Ч	К	Й	Б	И
П	Е	Р	П	Е	Н	Д	И	К	У	Л	Я	Р	Г
П	Р	Я	М	О	У	Г	О	Л	Ь	Н	И	К	О
П	Р	Ф	Г	Е	О	М	Е	Т	Р	И	Я	О	Н
П	А	Р	А	Л	Л	Е	Л	Ь	Н	Д	Ж	М	Г

УГЛЫ	ПЕРИМЕТР
ДЕСЯТИЧНЫЙ	ПЕРПЕНДИКУЛЯР
ДИАМЕТР	ПОЛИГОН
ДЕЛЕНИЕ	ПЛОЩАДЬ
УРАВНЕНИЕ	РАДИУС
ЭКСПОНЕНТ	ПРЯМОУГОЛЬНИК
ФРАКЦИЯ	СИММЕТРИЯ
ГЕОМЕТРИЯ	СУММА
ПАРАЛЛЕЛЬ	ОБЪЕМ

59 - Bagno

К	О	В	Р	И	К	Я	Ч	Х	Н	В	П	П	З
Р	Р	У	К	Ю	Д	Ж	Л	О	С	Ь	О	Н	Е
А	Ъ	Л	Я	С	Х	В	Ч	Щ	М	Ы	Л	О	Р
Н	Ы	А	Г	Ф	Т	У	А	Л	Е	Т	О	Ж	К
Л	Щ	В	У	Щ	Б	Л	П	Н	Н	Н	Т	Н	А
П	Щ	Г	Б	Ч	П	О	Ч	Ъ	Н	Ц	Е	И	Л
Д	У	О	К	М	Ц	Я	Ю	В	Л	А	Н	Ц	О
Ч	У	З	А	Ш	А	М	П	У	Н	Ь	Ц	Ы	Ь
Ъ	Х	Х	Ы	Е	Ь	Ъ	С	Е	Н	Ш	Е	Ф	Р
Ш	У	П	И	Р	К	Т	В	Я	К	Я	Х	В	Ф
И	Д	Х	К	Ш	И	О	Ю	У	О	О	А	О	Е
Г	У	Л	Б	Л	Д	Щ	Ь	Ф	Ь	Р	Д	Д	Г
Ч	Ш	П	А	Р	Р	Щ	О	Ъ	Н	Ы	Ф	А	Ж
И	Л	К	С	Ч	С	Е	Т	Г	Г	Ц	Е	Б	О

ВОДА
ПОЛОТЕНЦЕ
ВАННА
ПУЗЫРИ
ДУШ
НОЖНИЦЫ
ТУАЛЕТ
ЛОСЬОН

ДУХИ
КРАН
МЫЛО
ШАМПУНЬ
ЗЕРКАЛО
ГУБКА
КОВРИК
ПАР

60 - Meditazione

```
Я Щ М И Р Т О Ь Д Д Г Т Я И
С У Э У Ю К П Т П О С Х С П
Н У М Ж З Я Ц К У Б П Ь П С
О О О Ь Ч Ы П Р И Р О Д А О
С Ю Ц Ь Ы Б К О Т О К Ы П С
Т Т И Ш И Н А А Ь Т О Х М Т
Ь В И П О З А Б И А Й А Ы Р
У М С Т В Е Н Н Ы Й Н Н С А
П Р И Н Я Т И Е И Х Ы И Л Д
Д В И Ж Е Н И Е Ц П Й Е И А
П Е Р С П Е К Т И В А М К Н
Б Л А Г О Д А Р Н О С Т Ь И
У Д Р О Н А Б Л Ю Д Е Н И Е
В Н И М А Н И Е Х Ь Ц А Н И
```

ПРИНЯТИЕ
ВНИМАНИЕ
СПОКОЙНЫЙ
ЯСНОСТЬ
СОСТРАДАНИЕ
ЭМОЦИИ
ДОБРОТА
БЛАГОДАРНОСТЬ
УМСТВЕННЫЙ
УМ

ДВИЖЕНИЕ
МУЗЫКА
ПРИРОДА
НАБЛЮДЕНИЕ
МИР
МЫСЛИ
ПОЗА
ПЕРСПЕКТИВА
ДЫХАНИЕ
ТИШИНА

61 - Estate

Ч	П	Е	У	К	Р	В	С	Ч	Я	Ч	Б	С	У
М	Р	Ш	И	Н	Е	О	А	З	В	Е	З	Д	Ы
П	У	Ч	М	И	Л	С	Н	Д	О	М	Д	Ч	Ь
Л	Ф	З	Ч	Г	А	П	Д	О	Т	Ш	Т	А	А
А	Ь	М	Ы	И	К	О	А	С	П	Г	Ж	Ж	П
В	Н	Н	Я	К	С	М	Л	У	У	Г	М	П	Л
А	Ы	Е	Ж	Е	А	И	И	Г	С	О	О	Я	Я
Т	Р	Д	Ч	М	Ц	Н	И	В	К	Я	Р	Д	Ж
Ь	Я	Р	Н	П	И	А	Щ	Ы	Р	Г	Е	Ы	Ц
У	Н	У	Ж	И	Я	Н	Р	А	Д	О	С	Т	Ь
И	И	З	Д	Н	Р	И	К	И	Щ	О	Х	Ч	Ф
С	Е	Ь	П	Г	Д	Я	И	Г	О	Е	П	Н	С
Т	А	Я	Б	Б	О	Ы	С	Р	А	Ь	Я	Ж	Б
Х	А	Д	С	Е	М	Ь	Я	Ы	Ъ	У	У	Ч	Е

ДРУЗЬЯ
КЕМПИНГ
ДОМ
ЕДА
СЕМЬЯ
САД
ИГРЫ
РАДОСТЬ
НЫРЯНИЕ
КНИГИ

МОРЕ
МУЗЫКА
ПЛАВАТЬ
ВОСПОМИНАНИЯ
РЕЛАКСАЦИЯ
САНДАЛИИ
ПЛЯЖ
ЗВЕЗДЫ
ДОСУГ
ОТПУСК

62 - Escursionismo

```
К А Р Т А О И Т Щ К Е Ф К Ч
Ю Л В Ы С П Х Ф Х Л Г В П П
Н Б И У Т Е С К Е М П И Н Г
Ш С Г М Б Я Ц Г С Ы Ч Т Ш Ч
Ы П Г У А Т Ж И В О Т Н Ы Е
С А М М И Т Ю Е П О Г О Д А
Л Ь С Ы Я О Ы Т Л Н Ж М П К
О П А С Н О С Т И Ы Ь К А С
П О Д Г О Т О В К А Й А Р О
Ф Ь Г О О Е Ы Н О Х П М К Л
Б Е П Р И Р О Д А Д У Н И Н
У С Т А Л Ы Й Л Ш Ч А И О Ц
О Р И Е Н Т А Ц И Я П Ш Ш Е
Б О Т И Н К И Д И К И Й Ц Г
```

ВОДА	ОПАСНОСТИ
ЖИВОТНЫЕ	ТЯЖЕЛЫЙ
КЕМПИНГ	КАМНИ
КЛИМАТ	ПОДГОТОВКА
КАРТА	УТЕС
ПОГОДА	ДИКИЙ
ГОРА	СОЛНЦЕ
ПРИРОДА	УСТАЛЫЙ
ОРИЕНТАЦИЯ	БОТИНКИ
ПАРКИ	САММИТ

63 - Professioni #1

```
А  Б  Ш  Б  Д  О  К  Ъ  Ю  Х  С  Ж  Т  П
Л  Б  Ф  М  Г  Ш  Ъ  Г  В  Д  К  Ж  А  Б
Е  Е  Ц  Ъ  Е  Н  У  Ч  Е  Н  Ы  Й  Н  П
П  С  И  Х  О  Л  О  Г  Л  Х  Р  А  Ц  О
Ч  Ю  Е  Н  Л  Ы  Н  М  И  У  Е  С  О  С
Х  К  П  Ы  О  Г  Д  Е  Р  Д  Д  Т  Р  О
М  Р  Г  Е  Г  Н  Ш  Д  Ш  О  А  Р  Щ  Л
П  И  А  Н  И  С  Т  С  Г  Ж  К  О  В  Ю
Ч  А  М  Д  Г  Ш  Ъ  Е  В  Н  Т  Н  Т  Б
Ц  Г  С  Я  В  Я  Ф  С  Н  И  О  О  Р  А
Ц  Ж  Щ  Ч  А  О  Ъ  Т  Я  К  Р  М  Е  Н
О  Х  О  Т  Н  И  К  Р  Р  И  В  Х  Н  К
К  Ы  Ж  Ф  А  Р  М  А  Ц  Е  В  Т  Е  И
М  У  З  Ы  К  А  Н  Т  Т  К  Ч  Д  Р  Р
```

TРЕНЕР   ФАРМАЦЕВТ
ПОСОЛ   ГЕОЛОГ
ХУДОЖНИК   ЮВЕЛИР
АСТРОНОМ   МЕДСЕСТРА
АДВОКАТ   МУЗЫКАНТ
ТАНЦОР   ПИАНИСТ
БАНКИР   ПСИХОЛОГ
ОХОТНИК   УЧЕНЫЙ
РЕДАКТОР

64 - Antartide

```
М  И  Г  Р  А  Ц  И  Я  Р  А  П  К  О  С
Ч  И  Щ  М  Щ  Ц  Д  Е  Г  Ц  О  О  С  О
Д  А  Н  П  Б  Н  Ж  Н  Е  Я  Л  Н  Т  Х
Ю  Б  Щ  Е  П  С  В  А  О  Л  У  Т  Р  Р
Ч  Ь  П  И  Р  Г  Б  У  Г  Е  О  И  О  А
В  Х  Ы  З  Н  А  Ы  Ч  Р  Д  С  Н  В  Н
О  Б  Л  А  К  А  Л  Н  А  Н  Т  Е  А  Е
Д  М  Т  Л  И  Ш  Е  Ы  Ф  И  Р  Н  В  Н
А  Ъ  Ч  И  Т  М  Д  Й  И  К  О  Т  П  И
О  Ж  И  В  Ы  В  Щ  Г  Я  И  В  Ы  И  Е
С  Ш  Б  Ш  Э  К  С  П  Е  Д  И  Ц  И  Я
Ч  Ъ  И  С  С  Л  Е  Д  О  В  А  Н  И  Е
С  К  А  Л  И  С  Т  Ы  Й  О  Ж  Ъ  У  Ъ
И  С  С  Л  Е  Д  О  В  А  Т  Е  Л  Ь  Р
```

ВОДА	ОСТРОВА
ЗАЛИВ	МИГРАЦИЯ
КИТЫ	МИНЕРАЛЫ
СОХРАНЕНИЕ	ОБЛАКА
КОНТИНЕНТ	ПОЛУОСТРОВ
ИССЛЕДОВАНИЕ	ИССЛЕДОВАТЕЛЬ
ГЕОГРАФИЯ	СКАЛИСТЫЙ
ЛЕДНИКИ	НАУЧНЫЙ
ЛЕД	ЭКСПЕДИЦИЯ

65 - Libri

```
Х Ч П А Н Э П И Ч Е С К И Й
А И Р В А К Б Л Х Н Ъ Щ С П
Р Т И Т П О Э З И Я П Л Т П
А А К О И Л С И Р Л П И О О
К Т Л Р С Л О В А Ы Ф Т Р Г
Т Е Ю О А Е Б Ш С Ж К Е И Р
Е Л Ч М Н К Ц Ф С Ю О Р Я У
Р Ь Е А О Ц Ц Х К Ц Н А С Ж
Р Ж Н Н Щ И В Г А Ф Т Т Е Е
А И И Щ Ф Я Е В З П Е У Р Н
У М Е С Т Н Ы Й Ч Ю К Р И И
С Т Р А Н И Ц А И Б С Н И Е
Я Ю И Ю Д У А М К Я Т Ы Б О
И С Т О Р И Ч Е С К И Й Т И
```

АВТОР	СТРАНИЦА
ПРИКЛЮЧЕНИЕ	СЛОВА
ХАРАКТЕР	ПОЭЗИЯ
КОЛЛЕКЦИЯ	УМЕСТНЫЙ
КОНТЕКСТ	РОМАН
ЭПИЧЕСКИЙ	НАПИСАНО
ПОГРУЖЕНИЕ	СЕРИИ
ЛИТЕРАТУРНЫЙ	ИСТОРИЯ
ЧИТАТЕЛЬ	ИСТОРИЧЕСКИЙ
РАССКАЗЧИК	

66 - Geografia

```
Р Д Ь С О П Х С Т Р А Н А Ь
Р О Р М И Р Ф И Е М О Р Е Ф
Ю Л Е Е И Ж М Ю К В Ж Ш О Ц
Т Г К Р Г Г О Р О Д Е И С Ъ
Е О А И О И Я Г Н К А Р Т А
Р Т У Д Р Щ О У Т Т Т О Р К
Р А Ы И А Ш А Н И С Л Т О Б
И У З А П А Д Щ Н Ш А А В Ф
Т Л Ъ Н Я Г О В Е В С С Ы П
О Щ Ж Г С О К Т Н Б О Я С В
Р М Ц Г Ь Щ Х Е Т В Н Н О В
И Ч Ш Ъ Н Щ Ш Я У И Х И Т Ц
Я Ж К П О Л У С Ф Е Р А А Ф
К Г Ь Л Д А Ч Е А Ц Р Ю Р Г
```

ВЫСОТА	МОРЕ
АТЛАС	МЕРИДИАН
ГОРОД	МИР
КОНТИНЕНТ	ГОРА
ПОЛУСФЕРА	СЕВЕР
РЕКА	ЗАПАД
ОСТРОВ	СТРАНА
ШИРОТА	РЕГИОН
ДОЛГОТА	ЮГ
КАРТА	ТЕРРИТОРИЯ

67 - Cibo #1

```
Ч  И  Ж  Т  Б  Т  Ъ  Н  О  М  С  К  Т  П
Е  Ъ  П  Б  С  М  О  Л  О  К  О  Л  Ы  Б
С  О  К  Д  И  Я  Г  Р  У  Ш  А  У  С  Ц
Н  Ь  С  Щ  В  С  Ф  Ы  Т  К  О  Б  А  И
О  Д  О  Щ  П  О  Ю  Ш  Ы  Л  Х  Н  Л  Х
К  Ю  Л  М  Я  Т  А  Т  Д  Ц  А  И  А  Р
Т  Р  Ь  И  Ч  Л  И  Ы  Т  Ф  Н  К  Т  Ф
У  Л  Н  Л  М  А  У  О  А  Л  С  А  Е  В
Н  Ъ  Ж  М  Е  О  К  К  О  Р  И  Ц  А
Е  Р  У  Г  Н  О  Н  Б  А  З  И  Л  И  К
Ц  Е  Ж  А  Ь  М  О  Р  К  О  В  Ь  Р  Ф
Ш  П  И  Н  А  Т  У  Ч  И  Д  В  И  Т  П
С  А  Х  А  Р  Ъ  Н  П  Н  Л  Х  Ь  У  Н
М  В  Б  А  Ч  И  Д  У  Т  Ь  Ж  Щ  М  С
```

ЧЕСНОК	МЯТА
БАЗИЛИК	ЯЧМЕНЬ
КОРИЦА	ГРУША
МЯСО	РЕПА
МОРКОВЬ	СОЛЬ
ЛУК	ШПИНАТ
КЛУБНИКА	СОК
САЛАТ	ТУНЕЦ
МОЛОКО	ТОРТ
ЛИМОН	САХАР

68 - Aeroplani

```
Ь А П Н И Г Н Ы Д Б Н Ш Р Ш
П Т А И С Б А А Б Ж Е Ж С Г
О М С Ы Т Ц П Щ Д К Б Ш Х Р
С О С Д О Ц Р В И У О О Ю Ц
А С А Ф Р Ш А О З Х В К У У
Д Ф Ж Т И Л В З А М Ы А Б Т
К Е И Т Я У Л Д Й Ф С Ж Т Е
А Р Р О Ю Ш Е У Н У О Ь О Ь
С А Г П Р П Н Х Ч Ф Т Ф Щ П
П В И Л Э К И П А Ж А Е У У
У И Т И Ш Д Е В С Ю Е Ш Л Т
С Щ Л В О Д О Р О Д И Ь Г Ю
К У Б О П Р О П Е Л Л Е Р Ы
К Ф Я Б Т Д В И Г А Т Е Л Ь
```

ВЫСОТА	ПРОПЕЛЛЕРЫ
ВОЗДУХ	ЭКИПАЖ
АТМОСФЕРА	НАДУВАТЬ
ПОСАДКА	ВОДОРОД
ТОПЛИВО	ДВИГАТЕЛЬ
НЕБО	ПАССАЖИР
ДИЗАЙН	ПИЛОТ
НАПРАВЛЕНИЕ	ИСТОРИЯ
СПУСК	

69 - Pirati

```
О  Ч  Л  Л  В  С  П  Ю  Ж  Г  П  Ж  И  Д
С  Ж  К  С  В  А  О  Я  К  О  Р  Ь  Р  Н
З  П  Ъ  О  К  О  М  П  А  С  И  Р  Р  Ж
С  О  Н  К  А  П  Л  Д  Р  Т  К  О  О  И
Ц  П  Л  Р  П  А  Щ  В  Т  Р  Л  М  Щ  Ю
Е  У  У  О  И  С  С  Н  А  О  Ю  К  Ц  Ц
А  Г  Ю  В  Т  Н  Ф  Р  Ш  В  Ч  П  А  Р
Щ  А  Б  И  А  О  Я  Л  Е  Г  Е  Н  Д  А
П  Й  Ю  Щ  Н  С  Ш  П  С  М  Н  К  Ч  Г
Л  М  В  Е  П  Т  Р  Е  Ю  Ч  И  Х  Е  П
У  Ц  П  О  Ю  Ь  А  Щ  Ъ  В  Е  Г  Б  Ъ
Э  К  И  П  А  Ж  М  Е  Х  А  Ф  Л  А  Г
М  Е  Ч  П  Л  Я  Ж  Р  П  Л  О  Х  О  Й
У  Р  У  А  Ю  Ф  О  А  М  О  Н  Е  Т  Ы
```

ЯКОРЬ	ЛЕГЕНДА
ПРИКЛЮЧЕНИЕ	КАРТА
ФЛАГ	МОНЕТЫ
КОМПАС	ЗОЛОТО
КАПИТАН	ПОПУГАЙ
ПЛОХОЙ	ОПАСНОСТЬ
ШРАМ	РОМ
ЭКИПАЖ	МЕЧ
ПЕЩЕРА	ПЛЯЖ
ОСТРОВ	СОКРОВИЩЕ

70 - Colori

```
Е Ч Ф Б Е Л Ы Й Ц Г Д П Ж Л
Ш Е И Е А А У М Ч Ъ Ь У К А
Щ Р О Ж В Ш Ъ Н Ж Л Ш Р Р З
И Н Л Е Ь К Л Е Г Ф Н П А У
Н Ы Е В З Е Л Е Н Ы Й У С Р
Д Й Т Ы Ч С Е П И Я Д Р Н Н
И Г О Й Р Ц И А Н В Я Н Ы Ы
Г Х В Щ О Р А Н Ж Е В Ы Й Й
О Н Ы Ж З Ф С Т И О Х Й Ф Ш
Д Х Й Е О Ы Н У Ф Й Ц С У Т
Н С Ф Л В Ф У К С И Я Н К Ъ
М Ф С Т Ы Б У Ч Н Ю П Д Г Ч
С Е Р Ы Й Ш Т Р П Ч Г К М И
Н Т М Й К О Р И Ч Н Е В Ы Й
```

ОРАНЖЕВЫЙ	ИНДИГО
ЛАЗУРНЫЙ	ПУРПУРНЫЙ
БЕЖЕВЫЙ	КОРИЧНЕВЫЙ
БЕЛЫЙ	ЧЕРНЫЙ
СИНИЙ	РОЗОВЫЙ
ЦИАН	КРАСНЫЙ
ФУКСИЯ	СЕПИЯ
ЖЕЛТЫЙ	ЗЕЛЕНЫЙ
СЕРЫЙ	ФИОЛЕТОВЫЙ

71 - Suoni

```
В Е Ц К С Т Я Ж К Ж Т В П Г
П И Е Л Ы М Г Ъ О Х Н Х О Р
Д Ш Б Н Ч Ю Е К Н Л О Е В О
У Н Г Р К Г Ю Х Ц О О Ь Т М
У Ч Ь И А Ш Ф Ъ Е П Ъ С О К
Ф Ъ Т Т Ш Ц Е Ю Р А С В Р О
Х И К Н Е Я И П Т Т И Я С
Щ Ж О Ш Л Я Ч Я О Ь О С Ю И
Л Ю Л У Ь Ш К О М Т Н Т Щ Р
Ф Г О Л О С А К М Н И О И Е
Н К К О И Д Л О Д Ч О К Й Н
Э Х О Х Ж И А Б А Л А Б С Ы
Ь Л Л С Ц Щ Г Ш А Ш Ы Ъ Я В
Х Ю Ш У М Н Ы Й А Р Т Щ В Щ
```

ХЛОПАТЬ	ПОВТОРЯЮЩИЙСЯ
КОЛОКОЛ	СМЕХ
КОНЦЕРТ	ШУМНЫЙ
ХОР	СИРЕНЫ
ЭХО	ШЕПОТ
СВИСТОК	КАШЕЛЬ
ГРОМКО	ВИБРАЦИЯ
СТОН	ГОЛОСА

72 - Spiaggia

```
С О Л Н Ц Е Б О Ц Ы Р Ш С К
А Х Е В А Я Ъ С З О Н Т И К
Н Д М Ц Л Г М Т Ч С П Ы Н Е
Д О С Х С Д К Р А Б А Н И К
А О Т П У С К О К Н П Ш Й Л
Л Т К Ж П Л А В А Т Ь П Ч Я
И П Ц Ю О А Е М О Р Е И И Ь
И О Ь Щ Б Г Ю А Ъ Д И Р Л Д
Р К М О Е У Ю Д Х Ц Г Ф О Ь
Х Е Х Ы Р Н В И Е В Ъ Ъ Д Ь
Д А Д Т Е А Ь Ф К Я Ж Р К С
Ф Н К Н Ж Ч В Ы У Ц Г Ф А К
Ж Т У С Ь П О Л О Т Е Н Ц Е
В Ф Р У Е Ю О А П Е С О К Ъ
```

ПОЛОТЕНЦЕ   ПЛАВАТЬ
ЛОДКА   ОКЕАН
СИНИЙ   ЗОНТИК
ПОБЕРЕЖЬЕ   ПЕСОК
ДОК   САНДАЛИИ
КРАБ   РИФ
ОСТРОВ   СОЛНЦЕ
ЛАГУНА   ОТПУСК
МОРЕ

73 - Avventura

Н	Н	П	О	Д	Г	О	Т	О	В	К	А	Ъ	Э
Д	Е	О	Р	Е	П	О	Ж	М	Я	О	П	Щ	К
Р	Х	О	В	И	А	А	Х	Г	Е	П	Р	Д	С
У	Р	В	Б	Ы	Р	Х	В	Т	Ц	А	О	Е	К
З	А	О	К	Ы	Й	О	Я	М	Х	С	Б	Я	У
Ь	Б	З	Н	А	Ч	Э	Д	А	Т	Н	Л	Т	Р
Я	Р	М	А	Ш	А	Н	С	А	Р	Ы	Е	Е	С
К	О	О	В	М	Г	Т	Ы	Б	У	Й	М	Л	И
Р	С	Ж	И	А	С	У	Ы	Й	Д	Ш	Ы	Ь	Я
А	Т	Н	Г	Р	Ц	З	Ф	Щ	Н	И	Р	Н	Ь
С	Ь	О	А	Ш	О	И	Ь	Ъ	О	Р	В	О	А
О	Р	С	Ц	Р	Р	А	Д	О	С	Т	Ь	С	С
Т	К	Т	И	У	Т	З	П	Д	Т	Ю	Щ	Т	С
А	П	Ь	Я	Т	Ъ	М	Х	Я	Ь	Р	И	Ь	А

ДРУЗЬЯ
ДЕЯТЕЛЬНОСТЬ
КРАСОТА
ШАНС
ХРАБРОСТЬ
ТРУДНОСТЬ
ЭНТУЗИАЗМ
ЭКСКУРСИЯ
РАДОСТЬ

НЕОБЫЧНЫЙ
МАРШРУТ
ПРИРОДА
НАВИГАЦИЯ
НОВЫЙ
ВОЗМОЖНОСТЬ
ОПАСНЫЙ
ПОДГОТОВКА
ПРОБЛЕМЫ

74 - Forme

```
Я  Д  П  Р  И  З  М  А  С  В  П  Ф  Я  П
И  Ь  Ъ  Л  Г  И  П  Е  Р  Б  О  Л  А  Р
П  Я  У  И  О  Е  К  О  Н  У  С  Х  П  Я
И  Х  Ж  Н  Р  Щ  Р  Ь  Н  Ы  Щ  О  О  М
Р  З  С  И  М  Ф  А  Ш  Н  Е  Ш  В  Л  О
А  Е  Г  Я  Ц  У  Я  Д  У  Г  А  А  И  У
М  Ц  Ь  И  Р  А  Г  Ч  Ь  Ю  Д  Л  Г  Г
И  Г  Ъ  Х  Б  У  Ж  О  Э  Т  О  Ь  О  О
Д  Ц  И  Л  И  Н  Д  Р  Л  Ф  Ы  Н  Н  Л
А  В  У  М  К  Д  О  Ы  Л  Х  Б  Ы  Ж  Ь
К  Р  У  Г  Б  Г  Щ  Л  И  Ж  П  Й  М  Н
Ы  И  Ю  Н  Р  Ч  Ф  Х  П  Е  Ь  Г  Ф  И
С  Т  О  Р  О  Н  А  Л  С  Ф  Е  Р  А  К
К  У  Б  Т  Р  Е  У  Г  О  Л  Ь  Н  И  К
```

УГОЛ	СТОРОНА
ДУГА	ЛИНИЯ
КРАЯ	ОВАЛЬНЫЙ
КРУГ	ПИРАМИДА
ЦИЛИНДР	ПОЛИГОН
КОНУС	ПРИЗМА
КУБ	ПЛОЩАДЬ
ИЗГИБ	ПРЯМОУГОЛЬНИК
ЭЛЛИПС	СФЕРА
ГИПЕРБОЛА	ТРЕУГОЛЬНИК

75 - Oceano

```
А Ш Ю Ш Е У Я Ъ Ь О Ы М А Ж
А К Р Е В Е Т К А К У Я Т М
Х Б У Р Я С Ч Ш Б Ф И Ч У О
Д С О Л Ь Р И Ъ Т Б Ю Т Н Ч
Ю Ю Л О А Ы И Ж Ь Ъ Ш С Е А
В Н Г Д Б Б Ы Ф И Ы Ж П Ц В
В У Щ К Ч А М Ь Ц Е Е У Ж Х
О С У А Е К Р А Б В Д Г Я К
Л Т Б Ш Р О С Ь М И Н О Г О
Н Р Г Д Е Л Ь Ф И Н Ц Р У Р
Ы И Ю М П Р И Л И В Ы Ь Б А
Ю Ц Ч М А М Е Д У З А Е К Л
Ъ А П Д Х П М О В Ы Ж Л А Л
Ш Ъ Ъ Р А У К Я Х М Н Ъ Б А
```

УГОРЬ	УСТРИЦА
КИТ	РЫБА
ЛОДКА	ОСЬМИНОГ
КОРАЛЛ	СОЛЬ
ДЕЛЬФИН	РИФ
КРЕВЕТКА	ГУБКА
КРАБ	АКУЛА
ПРИЛИВЫ	ЧЕРЕПАХА
МЕДУЗА	БУРЯ
ВОЛНЫ	ТУНЕЦ

76 - Famiglia

```
Д  Г  Ь  Ц  Ы  А  Р  Д  П  Ц  Ф  М  О  Ю
Е  Д  С  В  Н  Е  С  Е  С  Т  Р  А  К  А
Д  Г  Ж  Л  Ш  Ц  Щ  Т  Б  Н  Ж  Т  Ц  В
Я  К  Ч  Щ  К  Ф  У  И  Ь  Е  У  Ь  И  Е
П  Г  Л  Ш  Ч  П  Л  Е  М  Я  Н  Н  И  К
П  Р  Е  Д  О  К  Е  Ш  У  Б  Д  О  У  Ш
Ч  Н  Ф  Ф  П  Л  Р  Ч  Н  Р  Я  Т  К  М
Д  Б  Л  И  З  Н  Е  Ц  Ы  А  Д  Е  Ж  Ю
Е  О  Ш  А  А  П  Ъ  Ш  Г  Т  Я  Ц  Щ  Е
Т  К  Ч  Т  Е  Т  Я  Ю  И  Я  К  Д  Ъ  Ш
С  Ч  М  Ь  О  Т  Ц  О  В  С  К  И  Й  А
Т  Е  У  М  А  Т  Е  Р  И  Н  С  К  И  Й
В  Ж  Ж  Е  Н  А  Щ  Ь  Т  Е  У  Я  Щ  Ш
О  Б  А  Б  У  Ш  К  А  Ь  С  А  К  Е  О
```

ПРЕДОК	ЖЕНА
ДЕТИ	ПЛЕМЯННИК
РЕБЕНОК	ВНУК
ДОЧЬ	БАБУШКА
БРАТ	ДЕД
БЛИЗНЕЦЫ	ОТЕЦ
ДЕТСТВО	ОТЦОВСКИЙ
МАТЬ	СЕСТРА
МУЖ	ТЕТЯ
МАТЕРИНСКИЙ	ДЯДЯ

77 - Veicoli

```
П М Г Т Г Л Ш И Н Ы Е Г Ъ А
Л Х О Ч Р О Ы Ц Е Е У Ц П В
О П Ь К У Д Ч К Б С У В Ю Т
Т Р С О З К А Р А В А Н С О
Ю Ч Ш Е О А С Х Ц Ь Ы И Р Б
Р Е Ы Х В П П А Ы А Д Р А У
Б Л П Н И Д А Т М А О Х К С
Ъ Н М Б К Ш Р Ф Р О Л П Е М
П О Е З Д Р О И У А Л А Т Ъ
Ц К Т В М Ч М Ъ О Р К Е А Л
В Е Р Т О Л Е Т М Х Г Т Т Щ
Б Ш О Я Т А К С И Ю Е О О Ж
Ш А В Т О М О Б И Л Ь Н Р
О Т Я О Р С К У Т Е Р Ж Б Щ
```

САМОЛЕТ	ЧЕЛНОК
АВТОМОБИЛЬ	ШИНЫ
АВТОБУС	РАКЕТА
ЛОДКА	СКУТЕР
ГРУЗОВИК	ТАКСИ
КАРАВАН	ПАРОМ
ВЕРТОЛЕТ	ТРАКТОР
ФУРГОН	ПОЕЗД
МЕТРО	ПЛОТ
МОТОР	

78 - Emozioni

```
Р  С  У  Б  Л  А  Г  О  Д  А  Р  Н  Ы  Й
Д  А  П  М  П  Ш  Г  Д  О  С  Т  Р  А  Х
О  Х  С  О  В  Ъ  Н  К  В  П  С  А  О  Е
Б  Я  У  С  К  Т  Е  Д  О  Е  И  Д  Б  С
Р  Ж  Ы  Х  Л  О  В  Ю  Л  Ч  М  О  Л  П
О  Ц  В  Г  Н  А  Й  Ц  Е  А  П  С  Е  О
Т  Н  К  А  Ъ  А  Б  Н  Н  Л  А  Т  Г  К
А  Л  Ю  Б  О  В  Ь  Л  Ы  Ь  Т  Ь  Ч  О
Н  Е  Ж  Н  О  С  Т  Ь  Е  Й  И  Н  Е  Й
С  М  У  Щ  Е  Н  Н  Ы  Й  Н  Я  Е  Н  С
М  И  Р  С  Ю  Р  П  Р  И  З  Н  Т  И  Т
С  К  У  К  А  Ь  И  Щ  В  Ц  Л  Ы  Е  В
Б  Л  А  Ж  Е  Н  С  Т  В  О  Ф  А  Й  И
С  О  Д  Е  Р  Ж  А  Н  И  Е  Щ  А  К  Е
```

ЛЮБОВЬ	СТРАХ
БЛАЖЕНСТВО	ГНЕВ
СПОКОЙНЫЙ	РАССЛАБЛЕННЫЙ
СОДЕРЖАНИЕ	ОБЛЕГЧЕНИЕ
ДОБРОТА	СИМПАТИЯ
РАДОСТЬ	ДОВОЛЕН
БЛАГОДАРНЫЙ	СЮРПРИЗ
СМУЩЕННЫЙ	НЕЖНОСТЬ
СКУКА	СПОКОЙСТВИЕ
МИР	ПЕЧАЛЬ

79 - Natura

```
С Ь Г О Р Ы С А У Р М Ю У Ч
К Ь П Ы Б А И Д В Ш Х И Ю Р
А Ь У М С Л Ш Ж М Л Л Ш Щ Я
Л И С Т В А А У Ь В К С Ц М
Ы Э Т У Я Р Д К Р А С О Т А
Щ Р Ы М Т К Г Р А Щ Ж К И У
Б О Н А И Т А Ы М Ь Г Ъ Ч П
Ц З Я Н Л И Ю Т Е Б Ф Ц В Ч
М И М Ь И Ч Ж И В О Т Н Ы Е
Д Я Н Х Щ Е Х Е Ъ Л Щ Ь Т Л
И И К Ш Е С Ф Ъ Ъ Е Ш Ф Ю Ы
Ъ Ь К Ч Ж К Ъ Н Ъ С Н Б У О
Б Ш Х И М И Л Е Д Н И К Ц Я
Р Е К А Й Й Х Ы Ц В У В С Н
```

ЖИВОТНЫЕ	ЛЕДНИК
ПЧЕЛЫ	ГОРЫ
АРКТИЧЕСКИЙ	ТУМАН
КРАСОТА	ОБЛАКА
ПУСТЫНЯ	УКРЫТИЕ
ЭРОЗИЯ	СВЯТИЛИЩЕ
РЕКА	СКАЛЫ
ЛИСТВА	ДИКИЙ
ЛЕС	

80 - Balletto

```
О К Д Ц Б Ф Т Е Х Н И К А В
Р С О Л О Д О Ю У У Б М П Ы
К Л Л М Ы Щ Ь С М Д У Ы Л Р
Е Х Р Е П Е Т И Ц И Я Ш О А
С В О У Р О К И Ь С П Ц Д З
Т К А Ю Я Ф З Р Л Л П Ы И И
Р А Н А В Ы К И И Ч Ж Е С Т
С Т И Л Ь Я Ч М Т Т Ш Н М Е
П Т А Н Ц О Р Ы У О М Ш Е Л
Б А Л Е Р И Н А Ъ З Р Е Н Ь
П Р А К Т И К А Ш Ц Ы Ч Т Н
Х О Р Е О Г Р А Ф И Я К Ы Ы
А У Д И Т О Р И Я Н Х В А Й
И Н Т Е Н С И В Н О С Т Ь Ы
```

НАВЫК	УРОКИ
АПЛОДИСМЕНТЫ	МЫШЦЫ
СОЛО	МУЗЫКА
БАЛЕРИНА	ОРКЕСТР
ТАНЦОРЫ	ПРАКТИКА
КОМПОЗИТОР	РЕПЕТИЦИЯ
ХОРЕОГРАФИЯ	АУДИТОРИЯ
ВЫРАЗИТЕЛЬНЫЙ	РИТМ
ЖЕСТ	СТИЛЬ
ИНТЕНСИВНОСТЬ	ТЕХНИКА

81 - Castelli

```
Б Г Ф П Д Д К Н И А Б Я Л Ф
Л Р У Р И И Р В Ю У Н П О Е
А К О И М Н Е Д Д Щ Д К Ш О
Г О Р Н Л А П Р В К О И А Д
О Р Ы Ц Я С О А Б О П М Д А
Р О Ц Е С Т С К Г Р Р П Ь Л
О Л А С Ч И Т О И О И Е Г Ь
Д Е Р С Ъ Я Ь Н Е Н Н Р Ц Н
Н В Ь А Ю Я Ъ Д В А Ц И Г Ы
Ы С Д К Ч Ы Б Ф П П Х Я К Й
Й Т Ф М К А Т А П У Л Ь Т А
Щ В П Ф Ц Т Е П Ш С Т Е Н А
И О Н Н Н Ь Е Д И Н О Р О Г
Т М Е Ч Ш У Ц Я Л Я Я В А Ы
```

БРОНЯ
КАТАПУЛЬТА
РЫЦАРЬ
ЛОШАДЬ
КОРОНА
ДИНАСТИЯ
ДРАКОН
ФЕОДАЛЬНЫЙ
КРЕПОСТЬ
ИМПЕРИЯ

БЛАГОРОДНЫЙ
ДВОРЕЦ
СТЕНА
ПРИНЦ
ПРИНЦЕССА
КОРОЛЕВСТВО
ЩИТ
МЕЧ
БАШНЯ
ЕДИНОРОГ

82 - Campionato

```
Ч Ч А О В Г С Т У П Т Д М К
В Е Е П О Н У Р П О У П Е О
Ы И М М Я Д Д Е М Б Р Р Д М
Н В Л П П Д Ь Н О Е Н Е А А
О Я Н Л И И Я Е Т Д И Д Л Н
С Е Р И Ь О О Р И А Р С Ь Д
Л Щ Ш И Ш Б Н Н В У С Т У А
И Ф Р Г Ъ Ц Л Ъ А Я С А Ф Д
В Ф И С М Г Л Ь Ц Т Ю В Ы Т
О Ж С В Я И Е У И Х К Л С Х
С Т Р А Т Е Г И Я Л А Е Щ В
Т Ц Ц Ц С П О Р Т И В Н Ы Й
Ь В Ы Ч Я Л Ф Н Ы Г Р И Ц Х
Ф И Н А Л И С Т Б А К Е Ъ Ц
```

ТРЕНЕР	МОТИВАЦИЯ
ЧЕМПИОНАТ	ПРЕДСТАВЛЕНИЕ
ЧЕМПИОН	ВЫНОСЛИВОСТЬ
ФИНАЛИСТ	СПОРТИВНЫЙ
ИГРЫ	КОМАНДА
СУДЬЯ	СТРАТЕГИЯ
ЛИГА	ТУРНИР
МЕДАЛЬ	ПОБЕДА

83 - Foresta Pluviale

```
А Д Ж У Н Г Л И Ч С А Ч Ь П
Б М О Х Б Ц Щ О О О Н У И Ц
Р О Ф Я Ю Е А Ы С Х Ь Ш С Ы
А С Т И Х К Ж П Я Р Ю Л С К
З О Ш А Б К Л И М А Т Р Ц Н
Н О П Щ Н И П Ф Щ Н Н А С Е
О Б Т Ь Ц И И Р Ц Е Н Н Ы Й
О Щ И Е Ф И Ч М Я Н Я Г Ш У
Б Е Ц У В А Ж Е Н И Е Ь Л О
Р С Ы У Р Х К Б С Е Ж Ъ Ю А
А Т П Р И Р О Д А К В И Д Н
З В Ы Ж И В А Н И Е И Ф К Т
И О Б Л А К А А Б П Х Й Ю Б
Е М Л Е К О П И Т А Ю Щ И Е
```

АМФИБИИ
БОТАНИЧЕСКИЙ
КЛИМАТ
СООБЩЕСТВО
РАЗНООБРАЗИЕ
ДЖУНГЛИ
МЛЕКОПИТАЮЩИЕ
МОХ
ПРИРОДА

ОБЛАКА
СОХРАНЕНИЕ
ЦЕННЫЙ
УБЕЖИЩЕ
УВАЖЕНИЕ
ВЫЖИВАНИЕ
ВИД
ПТИЦЫ

84 - Edifici

```
С П Ж С Т Ь С Б И Ы П С О Ф
У Л М Ь П О С О Л Ь С Т В О
П Ж Ш К О Л А Л Ю И Ъ А Ч П
Е Г Д О О Ы Б Ь Р О Г Д Ф А
Р Х Ф Е Р М А Н О Ы Ч И Ч Л
М М У З Е Й Ш И Б О П О Н А
А Ч А А А Р Н Ц Щ К Т Н Ь Т
Р М М В Е М Я А Е О И Е Ъ К
К Ф Б О П Е О У Ж А Щ А Л А
Е Ч А Д М У Г К И Н О Ч Л Ь
Т Р Р Т Е А Т Р Т Ш Ц Щ Ж Ц
К В А Р Т И Р А И Ф Х П Ъ Х
Л К О Ц О Б Ф Ь Е Ц О П Ь А
О Б С Е Р В А Т О Р И Я Р Ъ
```

ПОСОЛЬСТВО	БОЛЬНИЦА
КВАРТИРА	ОБСЕРВАТОРИЯ
ЗАМОК	ОБЩЕЖИТИЕ
КИНО	ШКОЛА
ЗАВОД	СТАДИОН
ФЕРМА	СУПЕРМАРКЕТ
АМБАР	ТЕАТР
ОТЕЛЬ	ПАЛАТКА
МУЗЕЙ	БАШНЯ

85 - Paesi #2

```
Л И Б Е Р И Я Э И С Р Ш Л А
А В У У Ь Ы М Ф Н М У Щ Б Л
О Б Г К П Ю Ч И Д Ч Т Д Ю Б
С Ш А Р Ъ И Т О О К Я Б А А
И Е Н А Ч Р Н П Н Е П А Л Н
Д П Д И М Л Г И Е Ъ О Ь Ф И
А А А Н Х А К Я З Ж Н А Ь Я
Н К Х А У Н С Т И С И Р И Я
И И Р К М Д Г В Я Я Я Ц М М
Я С Г О Щ И Р О Щ В А Г Н А
Ц Т Г Е С Я Е Ю С Я Х Щ Н Й
Ч А М Х Р С Ц Г А И Т И Ж К
Ч Н Е Я П И И М Е К С И К А
В К Л П Ф Х Я Я Щ Щ К А Р О
```

АЛБАНИЯ	ЛИБЕРИЯ
ДАНИЯ	МЕКСИКА
ЭФИОПИЯ	НЕПАЛ
ЯМАЙКА	НИГЕРИЯ
ЯПОНИЯ	ПАКИСТАН
ГРЕЦИЯ	РОССИЯ
ГАИТИ	СИРИЯ
ИНДОНЕЗИЯ	СУДАН
ИРЛАНДИЯ	УКРАИНА
ЛАОС	УГАНДА

86 - Tipi di Capelli

```
Х  К  У  Х  Ь  М  Я  Г  К  И  Й  Щ  К  Ц
Ц  Ч  К  Ш  Ч  П  Щ  Г  Р  У  Т  И  О  В
С  Е  Р  Е  Б  Р  О  Р  Д  Ю  Д  Х  С  Е
Е  Р  П  Ь  Л  С  У  Х  О  Й  Ч  Р  Ы  Т
Р  Н  Л  Т  О  Л  С  Т  Ы  Й  Ъ  Б  И  Н
Ы  Ы  Е  Я  Н  П  Л  Ы  С  Ы  Й  Е  У  О
Й  Й  Т  З  Д  О  Р  О  В  Ы  Й  Л  К  Й
С  А  Е  Ж  И  С  Ц  Ь  Ю  Г  О  Ы  О  Д
П  Т  Н  И  Н  Т  Б  Я  О  Я  О  Й  Р  Л
Ж  Ц  Ы  К  У  Д  Р  Я  В  Ы  Й  Ы  О  И
В  Т  Й  Д  Р  Г  Л  А  Д  К  И  Й  Т  Н
К  О  Р  И  Ч  Н  Е  В  Ы  Й  П  Е  К  Н
Т  О  Н  К  И  Й  Ю  Ъ  Ч  К  Б  М  А  Ы
И  В  Е  А  П  К  Ь  Д  Д  О  Ш  К  Я  Й
```

СЕРЕБРО	ДЛИННЫЙ
СУХОЙ	КОРИЧНЕВЫЙ
БЕЛЫЙ	МЯГКИЙ
БЛОНДИН	ЧЕРНЫЙ
КОРОТКАЯ	КУДРЯВЫЙ
ЛЫСЫЙ	КУДРИ
ЦВЕТНОЙ	ЗДОРОВЫЙ
СЕРЫЙ	ТОНКИЙ
ПЛЕТЕНЫЙ	ТОЛСТЫЙ
ГЛАДКИЙ	КОСЫ

87 - Vestiti

```
Я К Е Д Ъ Д Ь Д Б Р Ю К И Н
Х Ь Щ Ж Ъ Ь Ю У П Ы П О В П
Н Щ А И Е П В К Е М Ф О Г Е
Ф С Ч Н Б Ч П Ш Р К К Т Я И
О А Т С У Б Б Л Ч У Ю Н Т С
Ж Н Р Ы Ц Я Р Я А Р Х А Ф Щ
Е Д О Т Я Ю А П Т М О Д А
Р А Б Ш У Б С А К К Ь Б Т Ы
Е Л У А Ч К Л С И А Л Е Ы П
Л И В Р О А Е Р У Б А Ш К А
Ь И Ь Ф Б К Т П И Ж А М А Л
Е В Ф Л Б Л У З А Х У К С Ь
Я Ф Х К А Р Д А Д Ф Ю Ъ Ы Т
Л А И У Ж С В И Т Е Р Щ С О
```

ПЛАТЬЕ	ФАРТУК
БРАСЛЕТ	ПЕРЧАТКИ
БЛУЗА	ДЖИНСЫ
РУБАШКА	СВИТЕР
ШЛЯПА	МОДА
ПАЛЬТО	БРЮКИ
ПОЯС	ПИЖАМА
ОЖЕРЕЛЬЕ	САНДАЛИИ
КУРТКА	ОБУВЬ
ЮБКА	ШАРФ

88 - Attività e Tempo Libero

```
П Р Ы Б Н А Я Л О В Л Я С В
Е А П Ж Л А Т М О К Т Б Е О
Ш С Б А С К Е Т Б О Л О Р Л
И С И Т О Ы Н И Ф Г Ч К Ф Е
Й Л Г П Х Ы Н С П У Ж С И Й
Т А Х О Б Б И К Л К Т Я Н Б
У Б Н О Л Х С У А Е Р Б Г О
Р Л Р Ф П Ь С С В М Ш Е О Л
И Я И О Н Ж Ф С А П Р Й Л Л
З Ю Ш Л Б Е Х Т Н И Д С Ы Ш
М Щ Е А О Г О В И Н Л Б Т С
Х И К Л Ж Л Ы О Е Г С О Б В
Ъ Й Щ Н Ы Р Я Н И Е Б Л В Л
Ч Г С А Д О В О Д С Т В О Я
```

ИСКУССТВО	ХОББИ
БЕЙСБОЛ	НЫРЯНИЕ
БАСКЕТБОЛ	ПЛАВАНИЕ
БОКС	ВОЛЕЙБОЛ
ФУТБОЛ	РЫБНАЯ ЛОВЛЯ
КЕМПИНГ	РАССЛАБЛЯЮЩИЙ
ПЕШИЙ ТУРИЗМ	СЕРФИНГ
САДОВОДСТВО	ТЕННИС
ГОЛЬФ	

89 - Tecnologia

```
В  Т  Ч  К  Ш  Ц  Д  Н  Б  Л  О  Г  Г  С
И  С  Ъ  А  У  Р  И  Н  Т  Е  Р  Н  Е  Т
Р  Ж  Д  М  Ж  Р  И  Ф  Б  К  О  Ц  П  А
У  Р  Ь  Е  М  Е  С  Ф  Р  Р  Ъ  С  Ю  Т
С  Э  К  Р  А  Н  К  О  Т  О  О  Ы  О  И
И  Е  Д  А  Н  Н  Ы  Е  Р  И  В  К  Г  С
В  И  Р  Т  У  А  Л  Ь  Н  Ы  Й  О  Л  Т
Б  А  Й  Т  О  В  Р  Я  Е  А  Ж  М  Й  И
С  О  О  Б  Щ  Е  Н  И  Е  Ы  У  П  С  К
Б  Е  З  О  П  А  С  Н  О  С  Т  Ь  Ш  А
Щ  У  К  Т  Р  И  Х  И  Ц  К  Ц  Ю  М  Н
Б  Р  А  У  З  Е  Р  А  Т  Ф  Щ  Т  В  Ъ
И  С  С  Л  Е  Д  О  В  А  Н  И  Е  Ч  Е
Ф  А  Й  Л  Ц  Х  Ц  К  Г  Х  Л  Р  Р  Ч
```

БЛОГ	ИНТЕРНЕТ
БРАУЗЕРА	СООБЩЕНИЕ
БАЙТОВ	ИССЛЕДОВАНИЕ
КОМПЬЮТЕР	ЭКРАН
КУРСОР	БЕЗОПАСНОСТЬ
ДАННЫЕ	СТАТИСТИКА
ЦИФРОВОЙ	КАМЕРА
ФАЙЛ	ВИРТУАЛЬНЫЙ
ШРИФТ	ВИРУС

90 - Arte

```
С К У Л Ь П Т У Р А Ч С К Н
О Е Н Ф Ч Р О Щ С У Л В А
С Р О Ъ Ш О Ф Э Б Ы Я О Ы С
Т А Ж П Б С В С З И Ж Ж Р Т
А М О Б С Т Х Ю О И Ш Н А Р
В И Ж Ф О О Ж Р Р З Я Ы Ж О
Л Ч Р О Е Й Г Р И О Ф Й Е Е
Ч Е С Т Н Ы Й Е Г Б П Х Н Н
Ъ С И М В О Л А И Р Ь Х И И
Ь К О Щ Д Е Ж Л Н А М Ъ Е Е
Ф И Г У Р А Ь И А Ж Н Ж Т Я
Е Й Е Ы Р Я О З Л А Г Ч Ч И
Т Е М А Ф Л Ы М Ц Т Л Н И Б
Б Г В Ы Ъ В С Ш Ю Ь И Ч Е Ц
```

КЕРАМИЧЕСКИЙ	ИЗОБРАЖАТЬ
СЛОЖНЫЙ	СКУЛЬПТУРА
СОСТАВ	ПРОСТОЙ
ВЫРАЖЕНИЕ	СИМВОЛ
ФИГУРА	ТЕМА
ЧЕСТНЫЙ	СЮРРЕАЛИЗМ
ОРИГИНАЛ	НАСТРОЕНИЕ
ПОЭЗИЯ	

91 - Meteo

```
Т Ю У М И Р Д Ц Ы И К Ъ Б М
Р Е Ч Я Ю У А Ж Р Л С Ф М У
О П М Ф Ч Б Ф Д Б Ф Н М М С
П С Ь П Л Е Д С У Л У Я У С
И Ь Ъ О Е Я Я Ш Р Г Р О М О
Ч Р М Ц Д Р С Я Я Ж А У Ч Н
Е Ъ Л Ь Т Р А М О Л Н И Я П
С Б Р И З О Ч Т Т А О Н Ж О
К Л И М А Т Р Л У У Б Е П Л
И З А С У Х А Н М Р Л Б Я Я
Й У Р А Г А Н Щ А Ш А О Г Р
Ц Щ Л В Я К Ь Е Н Д К У О Н
А Т М О С Ф Е Р А В О К Р Ы
С У Х О Й В Е Т Е Р Е Ф Р Й
```

РАДУГА	ОБЛАКО
СУХОЙ	ПОЛЯРНЫЙ
АТМОСФЕРА	ЗАСУХА
БРИЗ	ТЕМПЕРАТУРА
НЕБО	БУРЯ
КЛИМАТ	ТОРНАДО
МОЛНИЯ	ТРОПИЧЕСКИЙ
ЛЕД	ГРОМ
МУССОН	УРАГАН
ТУМАН	ВЕТЕР

92 - Corpo Umano

Л	П	Л	Е	Ч	О	М	А	Ф	Л	Д	Н	Щ	Б
Ш	Н	О	С	П	Т	Г	М	Ч	У	М	О	З	Г
Р	У	К	А	Ж	Е	Л	У	Д	О	К	Г	Щ	П
Т	Л	О	К	Ч	С	У	Ш	Ь	Ш	Ф	А	Ы	О
Ъ	Б	Т	Г	Р	И	Е	Г	Л	А	З	Р	Х	Д
Д	Я	Ь	Ъ	Ъ	О	А	Р	Ю	У	Ъ	О	Р	Б
Ж	Б	Ю	О	Я	К	В	Л	Д	Ш	Е	Я	К	О
Ь	Ф	Б	М	О	О	Р	Ь	О	Ц	Ю	А	О	Р
Т	Ч	Щ	В	В	Л	О	У	Н	Д	Е	Ь	Ж	О
М	Г	Н	Ь	Б	Е	Т	Х	П	Я	Ы	М	А	Д
М	Ч	Н	Е	П	Н	Ь	О	А	Б	Ь	Ж	Ч	О
Ц	Х	Ц	А	Х	О	Ж	Ф	Л	И	Ц	О	К	К
Г	О	Л	О	В	А	Я	О	Е	Ф	Р	Ъ	Т	А
Е	Ж	Н	А	Х	Ч	Я	Ы	Ц	И	С	Л	У	Ж

РОТ
ЛОДЫЖКА
МОЗГ
ШЕЯ
СЕРДЦЕ
ПАЛЕЦ
ЛИЦО
НОГА
КОЛЕНО
ЛОКОТЬ

РУКА
ПОДБОРОДОК
НОС
ГЛАЗ
УХО
КОЖА
КРОВЬ
ПЛЕЧО
ЖЕЛУДОК
ГОЛОВА

93 - Mammiferi

Р	Я	Х	К	Е	Н	Г	У	Р	У	О	В	Ц	А
Т	Б	Ы	К	З	Л	К	О	Ш	К	А	Ш	Е	Ц
К	Ы	К	Ц	Е	О	Л	Л	Р	Ж	О	Ч	Ш	Ы
К	Р	С	О	Б	Ш	А	Е	О	И	М	Й	С	Ы
Я	Щ	О	С	Р	А	М	Н	Б	Р	Л	М	О	Я
Ь	Т	Ф	Л	А	Д	П	Ь	Е	А	И	Л	Б	Т
Ы	Ц	В	О	И	Ь	Щ	Е	З	Ф	С	Д	А	Н
Н	Д	Ю	Н	Ь	К	О	А	Ь	Ь	А	Ф	К	Л
М	Е	Д	В	Е	Д	Ь	М	Я	Ф	Х	Ш	А	Д
П	Л	Ж	Е	К	Х	О	Ж	Н	Ы	Ш	И	Д	Р
Ю	Ь	Ш	Ь	И	У	Ъ	Л	А	В	О	Л	К	Г
Щ	Ф	В	Ы	Т	Я	Я	Е	М	С	Я	Т	Ю	Я
Ь	И	Д	Н	И	И	Ж	В	Д	Х	Р	Ю	В	Н
П	Н	А	Ж	Ч	В	К	Ж	Ъ	Я	Л	Ч	Ю	Я

КИТ
СОБАКА
КЕНГУРУ
ЛОШАДЬ
ОЛЕНЬ
КРОЛИК
КОЙОТ
ДЕЛЬФИН
СЛОН
КОШКА

ЖИРАФ
ГОРИЛЛА
ЛЕВ
ВОЛК
МЕДВЕДЬ
ОВЦА
ОБЕЗЬЯНА
БЫК
ЛИСА
ЗЕБРА

94 - Arrampicata

П	Е	Ш	И	Й	Т	У	Р	И	З	М	П	О	С
Д	С	Т	Р	А	В	М	А	Ш	У	П	Р	Б	Т
Л	Ю	Б	О	П	Ы	Т	С	Т	В	О	О	У	А
Б	О	Ь	Н	Р	Е	Н	Ш	Л	Е	М	Б	Ч	Б
О	Э	К	С	П	Е	Р	Т	Ф	Ш	Ж	Л	Е	И
Т	Ы	Ж	О	Х	У	П	Ч	Н	Щ	М	Е	Н	Л
И	Д	П	Ж	И	З	Е	Д	А	Ф	М	М	И	Ь
Н	А	Д	С	Н	К	Щ	Ъ	Р	Т	Л	Ы	Е	Н
К	Ы	Т	Ц	И	И	Е	В	Д	Ю	К	А	К	О
И	Е	В	П	Г	Й	Р	Ы	В	Л	К	И	Ф	С
У	П	И	В	Ж	Б	А	С	А	О	У	Ц	Ч	Т
С	И	Л	А	А	Т	М	О	С	Ф	Е	Р	А	Ь
Ш	Ь	О	Ъ	Ч	Ь	Б	Т	Д	В	В	К	Н	Е
Ф	Ш	М	Л	Д	Р	К	А	Р	Т	А	Л	Н	Л

ВЫСОТА
АТМОСФЕРА
ШЛЕМ
ЛЮБОПЫТСТВО
ПЕШИЙ ТУРИЗМ
ЭКСПЕРТ
ОБУЧЕНИЕ
СИЛА

ПЕЩЕРА
ПЕРЧАТКИ
ТРАВМА
КАРТА
ПРОБЛЕМЫ
СТАБИЛЬНОСТЬ
БОТИНКИ
УЗКИЙ

95 - Animali Domestici

Я	Л	Р	А	Я	О	П	О	В	О	Д	О	К	С
К	Щ	С	Ф	Ч	Е	Р	Е	П	А	Х	А	Ъ	В
Д	Е	Е	Т	Т	Я	В	Ц	Ш	Ю	Ч	Ъ	Д	Ф
С	П	П	Р	Е	Щ	Ц	К	В	Ю	М	Ы	Ш	Ь
О	О	П	Ы	И	И	К	О	Р	О	В	А	И	Я
Б	Ы	В	Б	Ы	Ц	Щ	Е	Н	О	К	С	О	Ц
А	Д	Е	А	В	Ю	А	Х	П	Ю	Л	Ы	У	К
К	Х	Т	Х	В	О	С	Т	П	Д	А	И	Х	О
А	У	Е	Ь	Ж	Л	Р	В	О	Ш	П	Е	К	Г
В	О	Р	О	Т	Н	И	К	П	Х	Ы	Д	Ч	Т
Н	М	И	В	О	Д	А	О	У	У	О	А	Ь	И
Я	И	Н	К	О	З	А	Ш	Г	Ы	Б	М	Ш	Д
А	Я	А	О	И	М	Ч	К	А	С	Я	Е	Я	Д
Г	И	Р	Н	Х	В	Т	А	Й	Р	Н	Б	О	К

ВОДА	КОШКА
КОГТИ	ПОВОДОК
СОБАКА	ЯЩЕРИЦА
КОЗА	КОРОВА
ЕДА	ПОПУГАЙ
ХВОСТ	РЫБА
ВОРОТНИК	ЧЕРЕПАХА
КРОЛИК	МЫШЬ
ХОМЯК	ВЕТЕРИНАР
ЩЕНОК	ЛАПЫ

96 - Cucina

```
М Х В Р Ш Ъ Т В Г К Щ Ч В К
Н О Ж И Л Ю Ь Х Р У Ф Ъ М О
Ф Л Р А Л О Ж К И В С Г Ъ В
Т О Е О Ш К Д М Л Ш С У Ц Ш
Ь Д Ц Е З Щ И Т Ь И Ж Б Г Ъ
Е И Е Ч Д И Ч А Й Н И К Ч Б
К Л П Щ С А Л Ф Е Т К А А А
А Ь Т Ь У П Ш К О Ф Т Д Ш Н
П Н П Х О Е Ь Ф А Р Т У К К
А И П Ц В Ч С П Е Ц И И И А
П К О К А Ь К Ч А Ш А В Р А
Ъ Х Ф Ш Ю Т Ч Р Д Ф Б У Ц У
О Ц Д Ъ Ч Ж Щ Х Ы И Ю С В Ы
Ъ И Ь А Н Н О Я С К Г О Ч Ш
```

ЧАЙНИК	ФАРТУК
КУВШИН	ГРИЛЬ
ЕДА	КОВШ
ЧАША	РЕЦЕПТ
НОЖИ	СПЕЦИИ
МОРОЗИЛКА	ГУБКА
ЛОЖКИ	ЧАШКИ
ВИЛКИ	САЛФЕТКА
ПЕЧЬ	БАНКА
ХОЛОДИЛЬНИК	

97 - Vacanze #2

```
П Ю Т Р А Н С П О Р Т И Р П
Л У М И Н О С Т Р А Н Е Ц М
Я П Т О Т Е Л Ь Ж А А Щ Ф А
Ж У И Е Р Ц Т Г О Р Ы Я П Р
Ъ Ь У У Ш Е А Э Р О П О Р Т
Ж Г Ц Р Б Е К К Ж И Ю Е А О
Р Ф Ж А И П С Ы Ц Я Е Ъ З С
Д О С У Г А И Т У Ф Ь П Д Т
Ю Т Ъ Х Ю С С Ж В Я Ы О Н Р
Д О К Е М П И Н Г И Б Е И О
Щ Ш Я А Ъ О В И З А Е З К В
Ъ Ф Ш Е Р Р Д Я Ы Ч С Д Ш О
Д Ъ Р Е С Т О Р А Н Р Г Ю Н
Д Ч Б Ц Ц П А Л А Т К А У У
```

АЭРОПОРТ	ПЛЯЖ
КЕМПИНГ	ИНОСТРАНЕЦ
ФОТО	ТАКСИ
ОТЕЛЬ	ДОСУГ
ОСТРОВ	ПАЛАТКА
КАРТА	ТРАНСПОРТ
МОРЕ	ПОЕЗД
ГОРЫ	ПРАЗДНИК
ПАСПОРТ	ПУТЕШЕСТВИЕ
РЕСТОРАН	ВИЗА

98 - Attività

```
Б Н С А Д О В О Д С Т В О У
П Е Ш И Й Т У Р И З М Х Х Д
И С К У С С Т В О Р М Л О О
П Р Е М Е С Л А Щ Б Е Я Т В
Д Е Я Т Е Л Ь Н О С Т Ь А О
Ъ Л Ш Ч Т Е Н И Е И П О Ч Л
М А Г И Я Д О С У Г Г Ъ Л Ь
К К Е Г Т А Н Ц Ы И Г Р К С
Е С Ф Ш И Ь Л Т Ж К К Р Ы Т
М А А Ы О К Е Р А М И К А В
П Ц З А Г А Д К И Ш Ь Я Х И
И И Ф О Т О Г Р А Ф И Я А Е
Н Я Р Ы Б Н А Я Л О В Л Я И
Г Н А В Ы К Ш Щ Б Ж П Л Н Х
```

НАВЫК	ФОТОГРАФИЯ
ИСКУССТВО	САДОВОДСТВО
РЕМЕСЛА	ИГРЫ
ДЕЯТЕЛЬНОСТЬ	ЧТЕНИЕ
ОХОТА	МАГИЯ
КЕМПИНГ	РЫБНАЯ ЛОВЛЯ
КЕРАМИКА	УДОВОЛЬСТВИЕ
ШИТЬЕ	ЗАГАДКИ
ТАНЦЫ	РЕЛАКСАЦИЯ
ПЕШИЙ ТУРИЗМ	ДОСУГ

99 - Forniture Artistiche

```
Ж Ж Ц В Е Т А Я А К Л Е Й К
Н Ъ А Х О Ю Ъ С Ч Р Ь Щ О А
Ъ Ю У П Ц Д Ю М Щ Е Т К И Р
И Ц М А Х Я А П К А Ф Ь Ъ А
Ъ Ю А О Ш Х П А С Т Е Л И Н
В Ч С Ф Л Н Ж Ц Ю И Д Е И Д
Ч Х Л Я Д Ь Ь Д Ы В У Х К А
Ь Е О М У И Б Г М Н А Ъ А Ш
И Ю Р Т Г Я У Е Х О С Ю М И
О О А Н К Е М Ю Р С Л Х Е К
Г В Г Л И Н А Г С Т О Л Р А
Ц Е Х Ц Е Л Г Д Т Ь Б Н А А
Л А С Т И К А Н У У Г О Л Ь
А К В А Р Е Л И Л П Л Ч П К
```

ВОДА
АКВАРЕЛИ
ГЛИНА
УГОЛЬ
БУМАГА
МОЛЬБЕРТ
КЛЕЙ
ЦВЕТА
КРЕАТИВНОСТЬ
ЛАСТИК

ИДЕИ
ЧЕРНИЛА
КАРАНДАШИ
МАСЛО
ПАСТЕЛИ
СТУЛ
ЩЕТКИ
СТОЛ
КАМЕРА

100 - Misurazioni

```
Г Ц Д В Ы С О Т А Ю Ц Я В Г
А С У С С П Е О А В А Д Е Р
Н Ш М У Р М И Н У Т А Л С А
Я Г А Д Ц Е Я Н Ч Х Ы И Ч М
О Б Ъ Е М Т Д А Т Р У Н Б М
Р С В С Д Р Ж А Ц А Ж А А Ш
П А Щ Я К И Л О М Е Т Р Й Ш
Д Н С Т У Д Р У К Л Р Г Т И
Ю Т Х И Р Н Ю Ц Х Л Ь Л Ъ Р
Я И Г Ч Ж Ш Ц Й С И Ю У И И
У М У Н Р А Ж И М Т В Б Ш Н
Ш Е Л Ы Р Д Л Л Я Р Г И Н А
Д Т К Й С Т Е П Е Н Ь Н Р Ы
Е Р Щ Н Ъ К И Л О Г Р А М М
```

ВЫСОТА	ДЛИНА
БАЙТ	МЕТР
САНТИМЕТР	МИНУТА
КИЛОГРАММ	УНЦИЯ
КИЛОМЕТР	ВЕС
ДЕСЯТИЧНЫЙ	ПИНТА
СТЕПЕНЬ	ДЮЙМ
ГРАММ	ГЛУБИНА
ШИРИНА	ТОННА
ЛИТР	ОБЪЕМ

1 - Scacchi

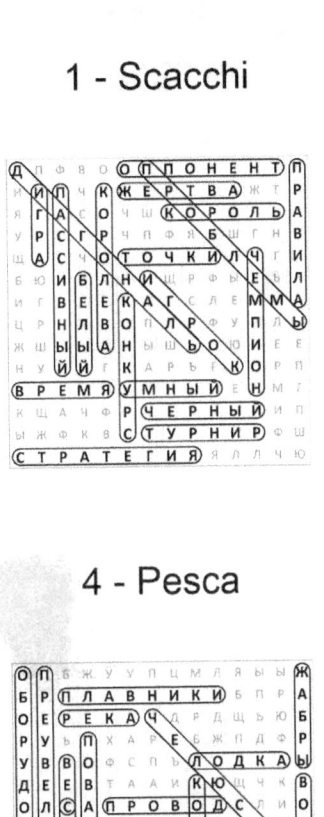

2 - Aggettivi #2

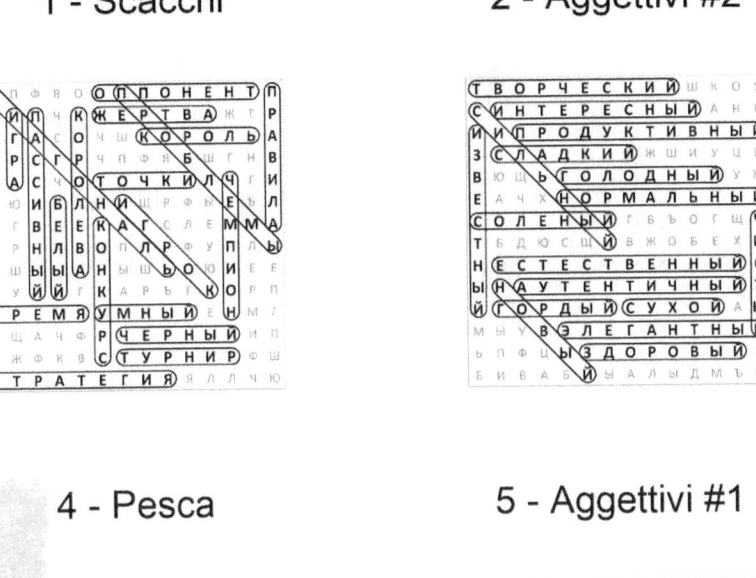

3 - Mobili

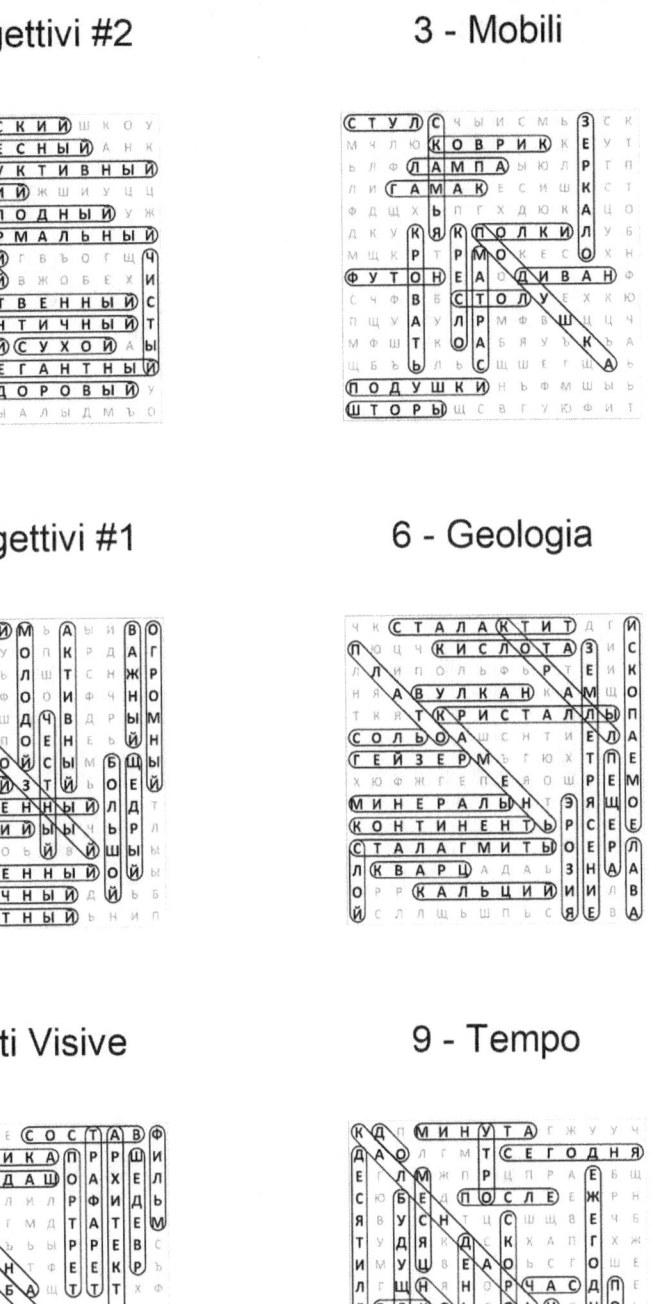

4 - Pesca

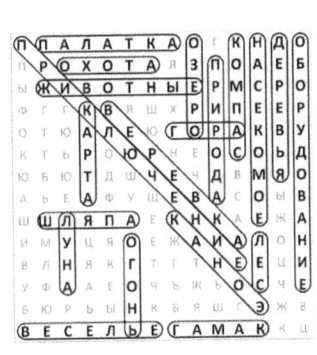

5 - Aggettivi #1

6 - Geologia

7 - Campeggio

8 - Arti Visive

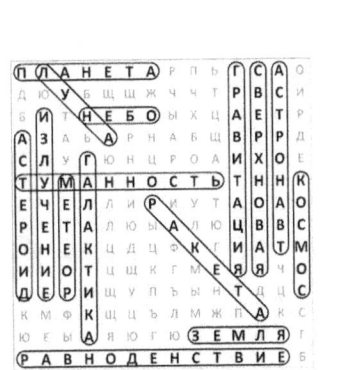

9 - Tempo

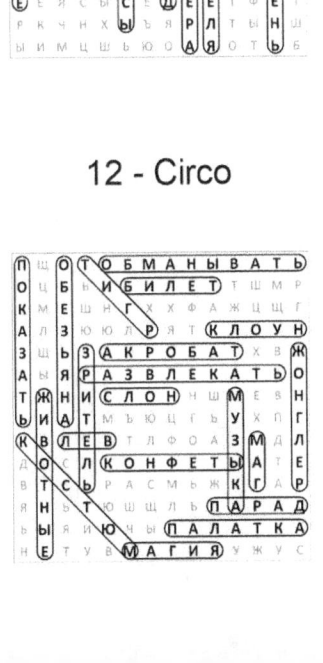

10 - Autunno

11 - Astronomia

12 - Circo

13 - Mitologia

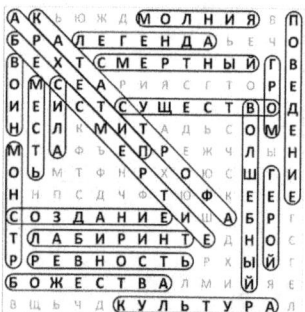

14 - Piante

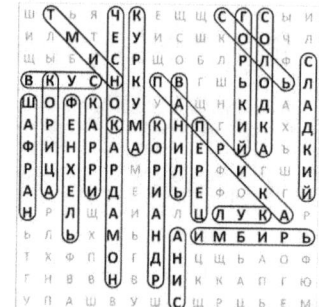

15 - Spezie

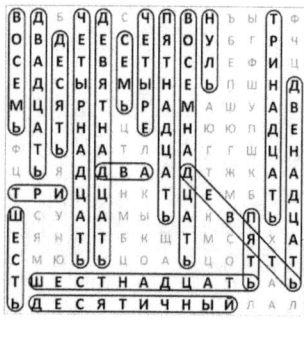

16 - Numeri

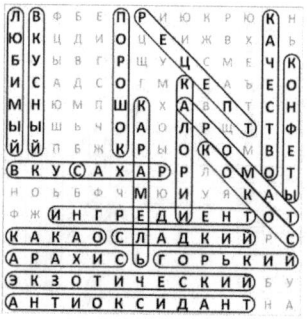

17 - Cioccolato

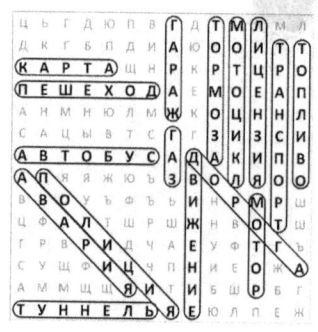

18 - Guida

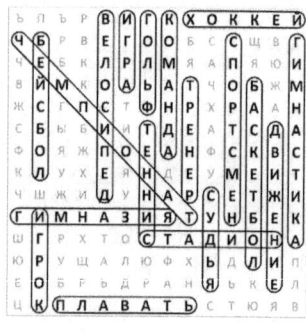

19 - Sport

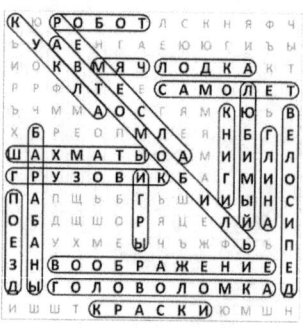

20 - Giocattoli

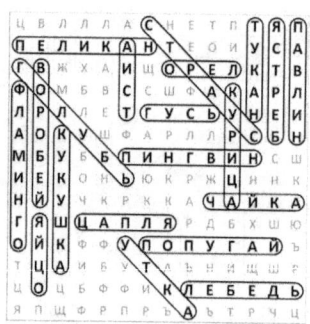

21 - Uccelli

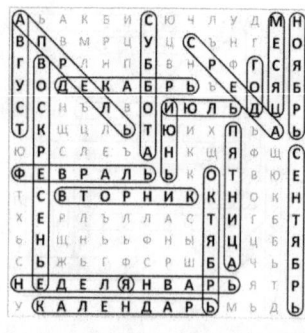

22 - Giorni e Mesi

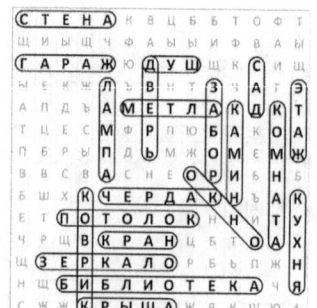

23 - Casa

24 - Ristorante #1

25 - Fantascienza

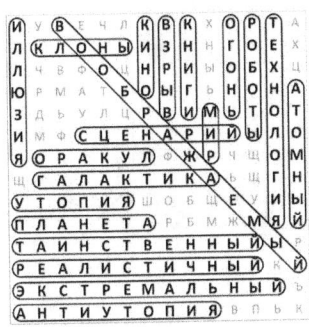

26 - Città

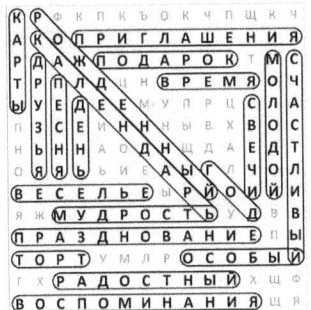

27 - Compleanno

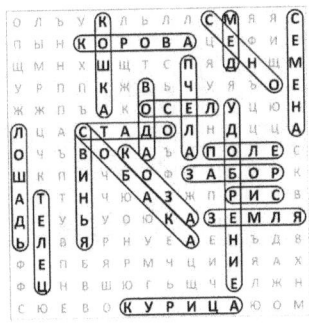

28 - Fattoria #1

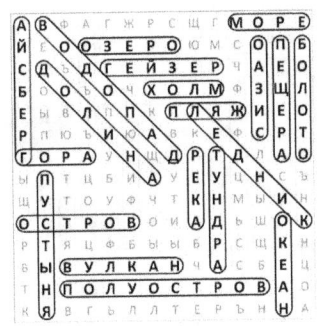

29 - Paesaggi

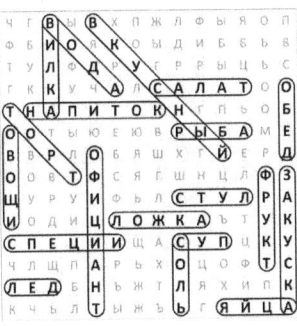

30 - Ristorante #2

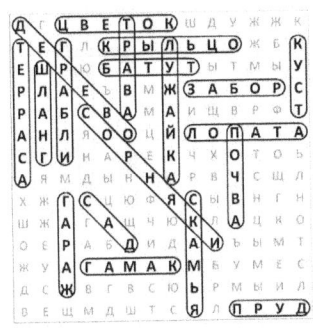

31 - Giardino

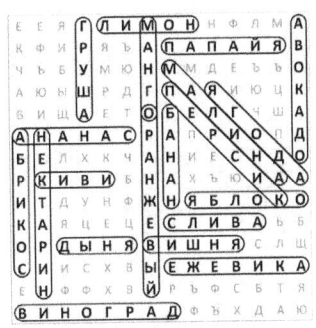

32 - Frutta

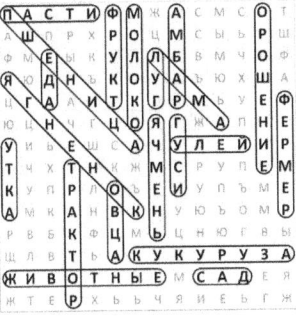

33 - Fattoria #2

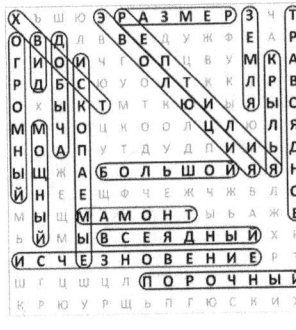

34 - Dinosauri

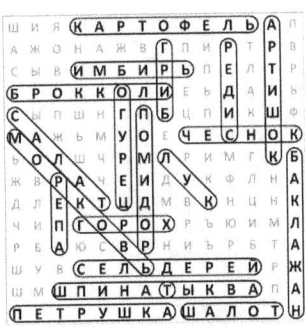

35 - Verdure

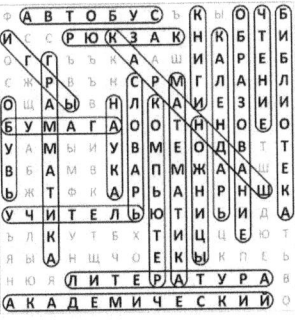

36 - Scuola #2

37 - Barbecue

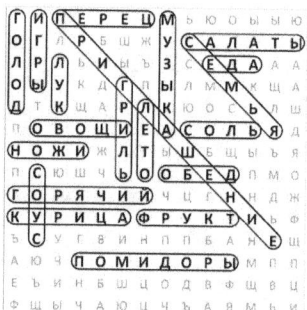

38 - Riempire

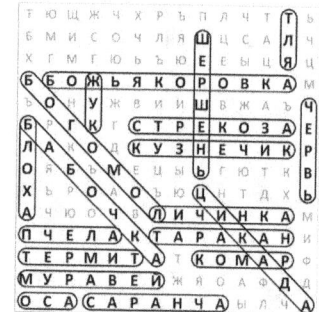

39 - Insetti

40 - Erboristeria

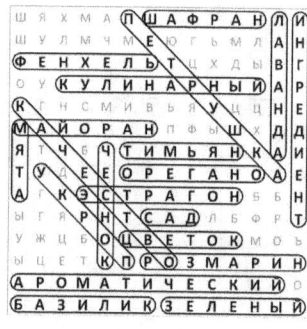

41 - Danza

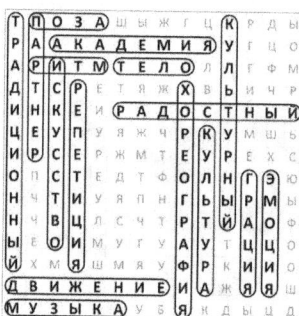

42 - Commedia

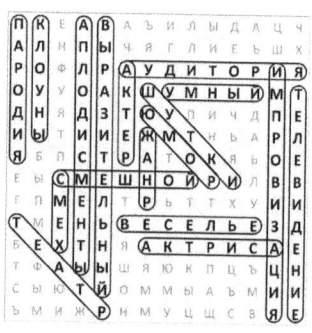

43 - Scuola #1

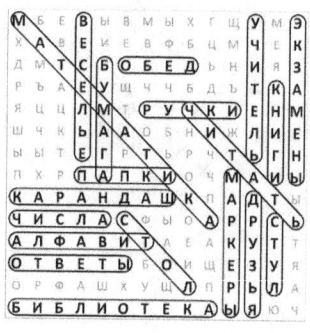

44 - Fiori

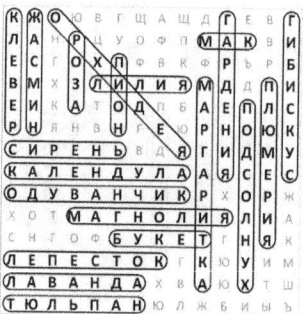

45 - Ecologia

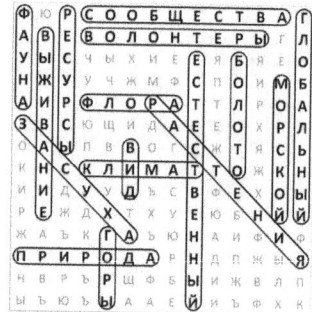

46 - Discipline Scientifiche

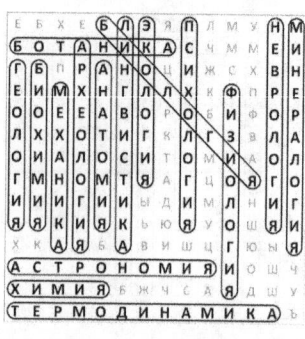

47 - Scienza

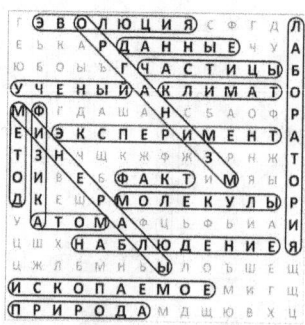

48 - Acqua

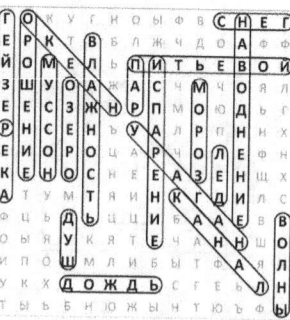

49 - Gatti

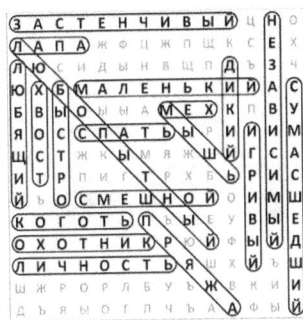

50 - Surf

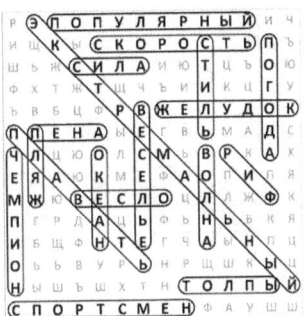

51 - Imbarcazioni

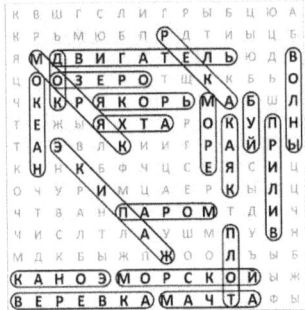

52 - Api

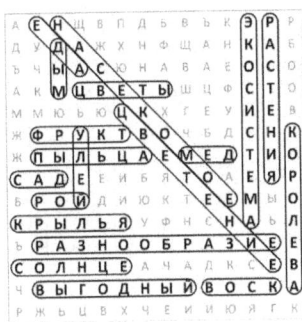

53 - Strumenti Musicali

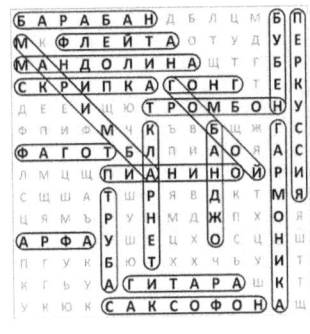

54 - Professioni #2

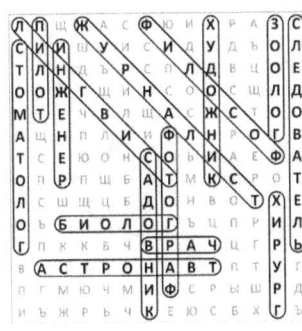

55 - Letteratura

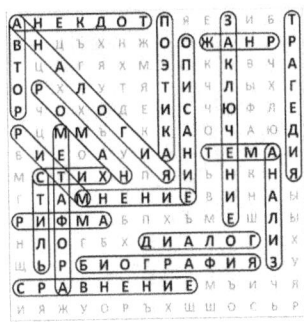

56 - Cibo #2

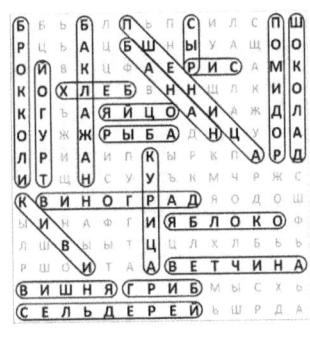

57 - Nutrizione

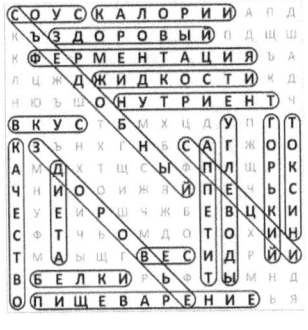

58 - Matematica

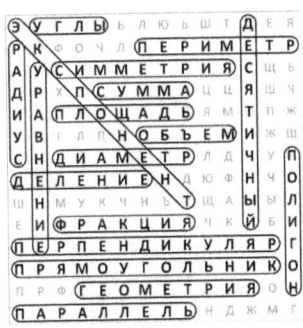

59 - Bagno

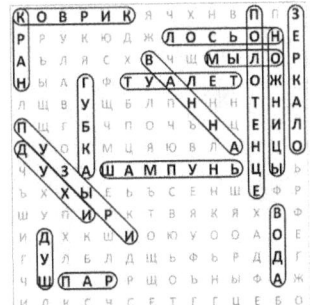

60 - Meditazione

61 - Estate

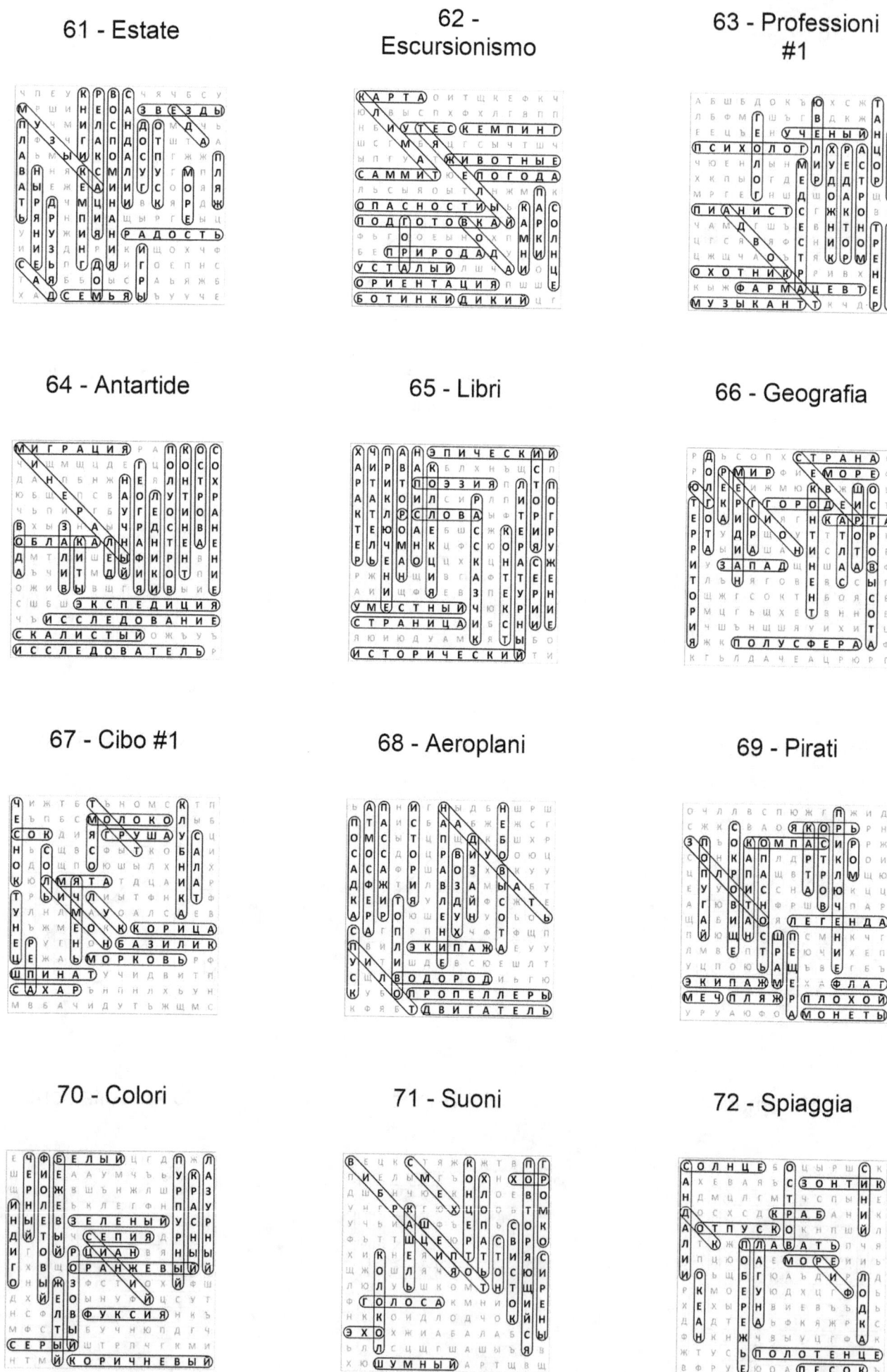

62 - Escursionismo

63 - Professioni #1

64 - Antartide

65 - Libri

66 - Geografia

67 - Cibo #1

68 - Aeroplani

69 - Pirati

70 - Colori

71 - Suoni

72 - Spiaggia

73 - Avventura

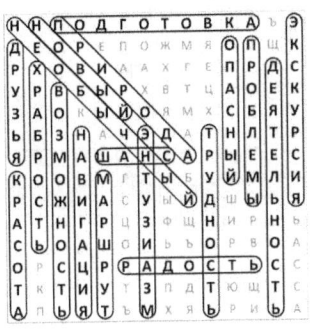

74 - Forme

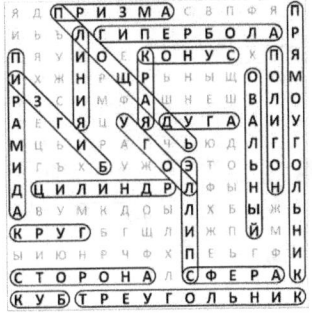

75 - Oceano

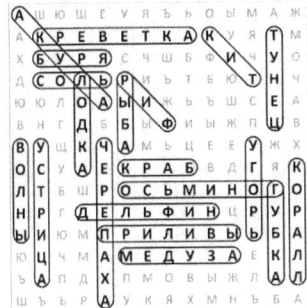

76 - Famiglia

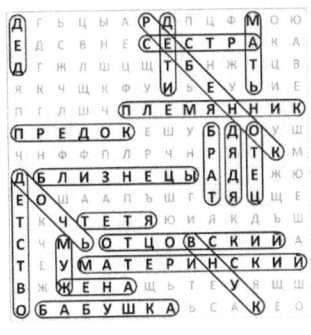

77 - Veicoli

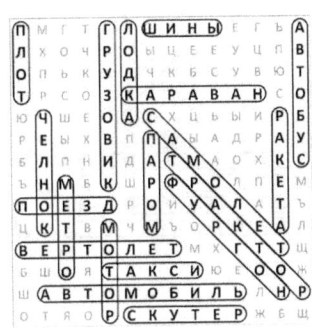

78 - Emozioni

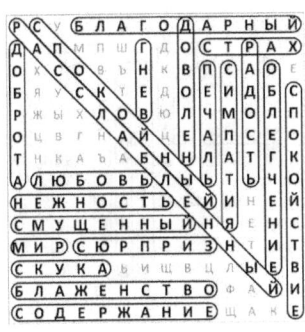

79 - Natura

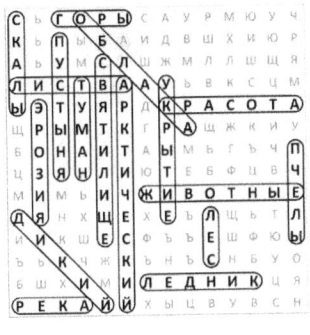

80 - Balletto

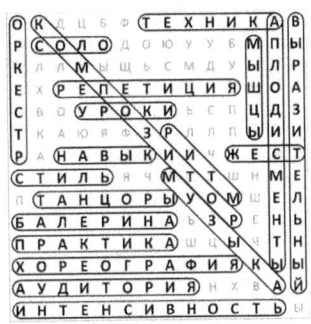

81 - Castelli

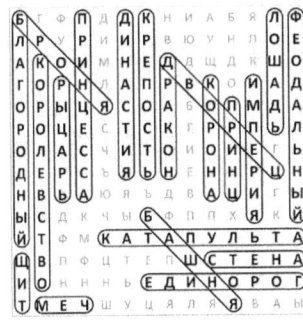

82 - Campionato

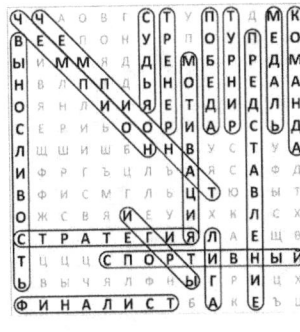

83 - Foresta Pluviale

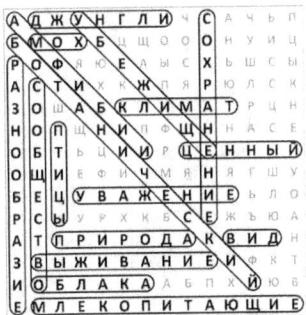

84 - Edifici

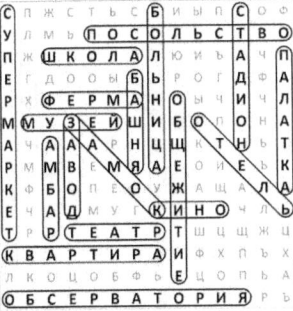

85 - Paesi #2

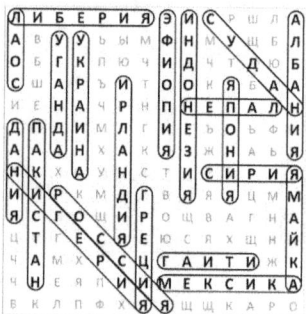

86 - Tipi di Capelli

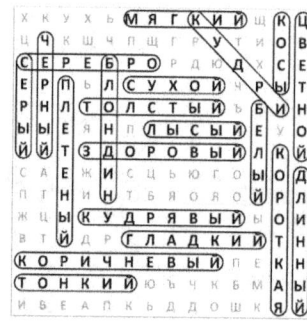

87 - Vestiti

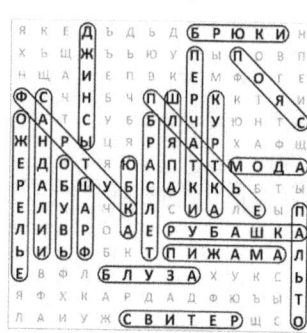

88 - Attività e Tempo Libero

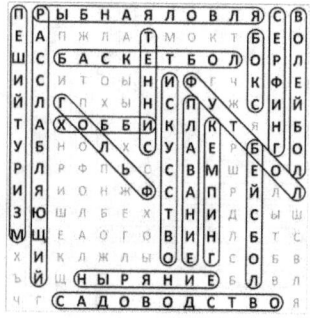

89 - Tecnologia

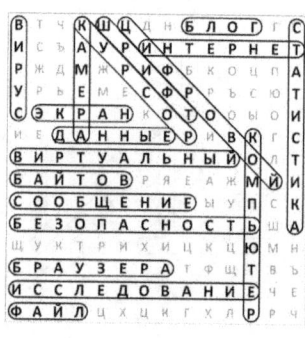

90 - Arte

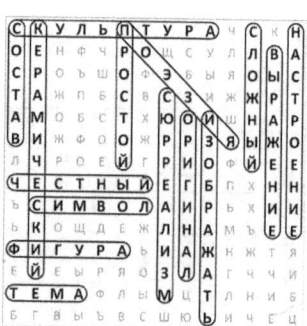

91 - Meteo

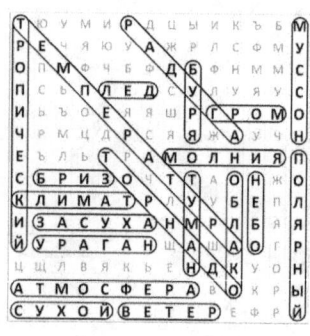

92 - Corpo Umano

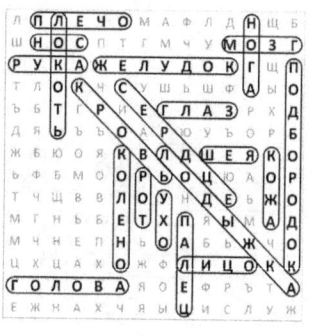

93 - Mammiferi

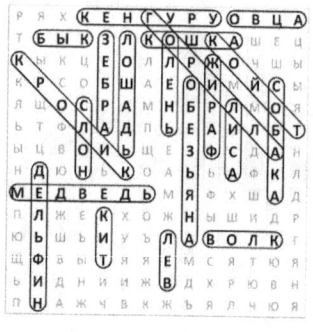

94 - Arrampicata

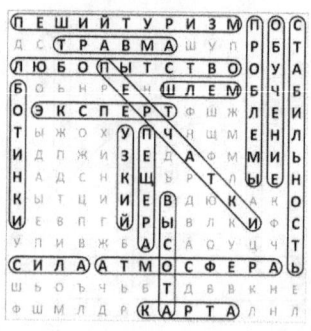

95 - Animali Domestici

96 - Cucina

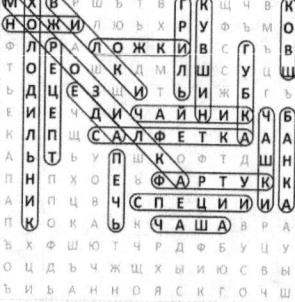

97 - Vacanze #2

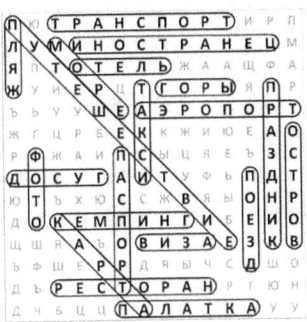

98 - Attività

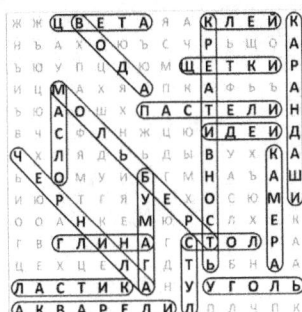

99 - Forniture Artistiche

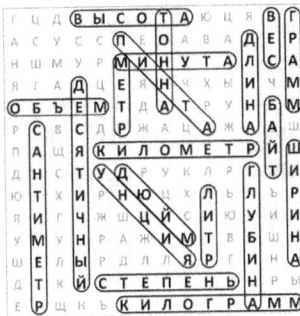

100 - Misurazioni

Dizionario

Acqua
Вода

Alluvione	Наводнение
Canale	Канал
Doccia	Душ
Evaporazione	Испарение
Fiume	Река
Gelo	Мороз
Geyser	Гейзер
Ghiaccio	Лед
Irrigazione	Орошение
Lago	Озеро
Monsone	Муссон
Neve	Снег
Oceano	Океан
Onde	Волны
Pioggia	Дождь
Potabile	Питьевой
Umidità	Влажность
Uragano	Ураган
Vapore	Пар

Aeroplani
Самолеты

Altezza	Высота
Aria	Воздух
Atmosfera	Атмосфера
Atterraggio	Посадка
Avventura	Приключение
Carburante	Топливо
Cielo	Небо
Costruzione	Строительство
Design	Дизайн
Direzione	Направление
Discesa	Спуск
Eliche	Пропеллеры
Equipaggio	Экипаж
Gonfiare	Надувать
Idrogeno	Водород
Motore	Двигатель
Palloncino	Воздушный Шар
Passeggero	Пассажир
Pilota	Пилот
Storia	История

Aggettivi #1
Прилагательные #1

Ambizioso	Амбициозный
Aromatico	Ароматический
Assoluto	Абсолютный
Attivo	Активный
Enorme	Огромный
Esotico	Экзотический
Generoso	Щедрый
Giovane	Молодой
Grande	Большой
Identico	Идентичный
Importante	Важный
Lento	Медленный
Lungo	Длинный
Moderno	Современный
Onesto	Честный
Perfetto	Совершенный
Pesante	Тяжелый
Prezioso	Ценный
Profondo	Глубокий
Sottile	Тонкий

Aggettivi #2
Прилагательные #2

Affamato	Голодный
Asciutto	Сухой
Autentico	Аутентичный
Creativo	Творческий
Descrittivo	Описательный
Dolce	Сладкий
Drammatico	Драматический
Elegante	Элегантный
Famoso	Известный
Forte	Сильный
Interessante	Интересный
Naturale	Естественный
Normale	Нормальный
Nuovo	Новый
Orgoglioso	Гордый
Produttivo	Продуктивный
Puro	Чистый
Responsabile	Ответственный
Salato	Соленый
Sano	Здоровый

Animali Domestici
Домашние Животные

Acqua	Вода
Artigli	Когти
Cane	Собака
Capra	Коза
Cibo	Еда
Coda	Хвост
Collare	Воротник
Coniglio	Кролик
Criceto	Хомяк
Cucciolo	Щенок
Gatto	Кошка
Guinzaglio	Поводок
Lucertola	Ящерица
Mucca	Корова
Pappagallo	Попугай
Pesce	Рыба
Tartaruga	Черепаха
Topo	Мышь
Veterinario	Ветеринар
Zampe	Лапы

Antartide
Антарктида

Acqua	Вода
Baia	Залив
Balene	Киты
Conservazione	Сохранение
Continente	Континент
Esplorazione	Исследование
Geografia	География
Ghiacciai	Ледники
Ghiaccio	Лед
Isole	Острова
Migrazione	Миграция
Minerali	Минералы
Nuvole	Облака
Penisola	Полуостров
Ricercatore	Исследователь
Roccioso	Скалистый
Scientifico	Научный
Spedizione	Экспедиция
Temperatura	Температура
Topografia	Топография

Api
Пчелы

Ali	Крылья
Alveare	Улей
Benefico	Выгодный
Cera	Воск
Cibo	Еда
Diversità	Разнообразие
Ecosistema	Экосистема
Fiori	Цветы
Fiorire	Цветение
Frutta	Фрукт
Fumo	Дым
Giardino	Сад
Insetto	Насекомое
Miele	Мед
Piante	Растения
Polline	Пыльца
Regina	Королева
Sciame	Рой
Sole	Солнце

Arrampicata
Альпинизм

Altitudine	Высота
Atmosfera	Атмосфера
Casco	Шлем
Curiosità	Любопытство
Escursioni	Пеший Туризм
Esperto	Эксперт
Fisico	Физический
Formazione	Обучение
Forza	Сила
Grotta	Пещера
Guanti	Перчатки
Lesione	Травма
Mappa	Карта
Sfide	Проблемы
Stabilità	Стабильность
Stivali	Ботинки
Stretto	Узкий

Arte
Искусство

Ceramica	Керамический
Complesso	Сложный
Composizione	Состав
Espressione	Выражение
Figura	Фигура
Ispirato	Вдохновленный
Onesto	Честный
Originale	Оригинал
Poesia	Поэзия
Ritrarre	Изображать
Scultura	Скульптура
Semplice	Простой
Simbolo	Символ
Soggetto	Тема
Surrealismo	Сюрреализм
Umore	Настроение
Visivo	Визуальный

Arti Visive
Изобразительное Искусство

Architettura	Архитектура
Argilla	Глина
Artista	Художник
Capolavoro	Шедевр
Carbone	Уголь
Cavalletto	Мольберт
Cera	Воск
Ceramica	Керамика
Composizione	Состав
Creatività	Креативность
Film	Фильм
Fotografia	Фотография
Gesso	Мел
Matita	Карандаш
Penna	Ручка
Prospettiva	Перспектива
Ritratto	Портрет
Scultura	Скульптура
Stampino	Трафарет
Vernice	Лак

Astronomia
Астрономия

Asteroide	Астероид
Astronauta	Астронавт
Astronomo	Астроном
Cielo	Небо
Cosmo	Космос
Costellazione	Созвездие
Equinozio	Равноденствие
Galassia	Галактика
Gravità	Гравитация
Luna	Луна
Meteora	Метеор
Nebulosa	Туманность
Osservatorio	Обсерватория
Pianeta	Планета
Radiazione	Излучение
Razzo	Ракета
Supernova	Сверхновая
Telescopio	Телескоп
Terra	Земля
Universo	Вселенная

Attività
Виды Деятельности

Abilità	Навык
Arte	Искусство
Artigianato	Ремесла
Attività	Деятельность
Caccia	Охота
Campeggio	Кемпинг
Ceramica	Керамика
Cucire	Шитье
Danza	Танцы
Escursioni	Пеший Туризм
Fotografia	Фотография
Giardinaggio	Садоводство
Giochi	Игры
Lettura	Чтение
Magia	Магия
Pesca	Рыбная Ловля
Piacere	Удовольствие
Puzzle	Загадки
Rilassamento	Релаксация
Tempo Libero	Досуг

Attività e Tempo Libero
Развлечения и Досуг

Arte	Искусство
Baseball	Бейсбол
Basket	Баскетбол
Boxe	Бокс
Calcio	Футбол
Campeggio	Кемпинг
Escursioni	Пеший Туризм
Giardinaggio	Садоводство
Golf	Гольф
Hobby	Хобби
Immersione	Ныряние
Nuoto	Плавание
Pallavolo	Волейбол
Pesca	Рыбная Ловля
Rilassante	Расслабляющий
Surf	Серфинг
Tennis	Теннис

Autunno
Осень

Abbigliamento	Одежда
Castagne	Каштаны
Clima	Климат
Deciduo	Лиственный
Equinozio	Равноденствие
Festival	Фестиваль
Frutteto	Сад
Gelo	Мороз
Ghianda	Желудь
Incendi	Пожары
Mele	Яблоки
Mesi	Месяцы
Meteo	Погода
Migrazione	Миграция
Natura	Природа
Stagionale	Сезонный

Avventura
Приключение

Amici	Друзья
Attività	Деятельность
Bellezza	Красота
Caso	Шанс
Coraggio	Храбрость
Difficoltà	Трудность
Entusiasmo	Энтузиазм
Escursione	Экскурсия
Gioia	Радость
Insolito	Необычный
Itinerario	Маршрут
Natura	Природа
Navigazione	Навигация
Nuovo	Новый
Opportunità	Возможность
Pericoloso	Опасный
Preparazione	Подготовка
Sfide	Проблемы
Sicurezza	Безопасность

Bagno
Ванная

Acqua	Вода
Asciugamano	Полотенце
Bagno	Ванна
Bolle	Пузыри
Doccia	Душ
Forbici	Ножницы
Gabinetto	Туалет
Lozione	Лосьон
Profumo	Духи
Rubinetto	Кран
Sapone	Мыло
Shampoo	Шампунь
Specchio	Зеркало
Spugna	Губка
Tappeto	Коврик
Vapore	Пар

Balletto
Балет

Abilità	Навык
Applauso	Аплодисменты
Assolo	Соло
Ballerina	Балерина
Ballerini	Танцоры
Compositore	Композитор
Coreografia	Хореография
Espressivo	Выразительный
Gesto	Жест
Intensità	Интенсивность
Lezioni	Уроки
Muscoli	Мышцы
Musica	Музыка
Orchestra	Оркестр
Pratica	Практика
Prova	Репетиция
Pubblico	Аудитория
Ritmo	Ритм
Stile	Стиль
Tecnica	Техника

Barbecue
Барбекю

Caldo	Горячий
Cena	Обед
Cibo	Еда
Cipolle	Лук
Coltelli	Ножи
Estate	Лето
Fame	Голод
Famiglia	Семья
Frutta	Фрукт
Giochi	Игры
Griglia	Гриль
Insalate	Салаты
Invito	Приглашение
Musica	Музыка
Pepe	Перец
Pollo	Курица
Pomodori	Помидоры
Sale	Соль
Salsa	Соус
Verdure	Овощи

Campeggio
Кемпинг

Alberi	Деревья
Amaca	Гамак
Animali	Животные
Attrezzatura	Оборудование
Avventura	Приключение
Bussola	Компас
Caccia	Охота
Canoa	Каноэ
Cappello	Шляпа
Corda	Веревка
Divertimento	Веселье
Foresta	Лес
Fuoco	Огонь
Insetto	Насекомое
Lago	Озеро
Luna	Луна
Mappa	Карта
Montagna	Гора
Natura	Природа
Tenda	Палатка

Campionato
Чемпионат

Allenatore	Тренер
Campionato	Чемпионат
Campione	Чемпион
Finalista	Финалист
Giochi	Игры
Giudice	Судья
Lega	Лига
Medaglia	Медаль
Motivazione	Мотивация
Prestazione	Представление
Resistenza	Выносливость
Sportivo	Спортивный
Squadra	Команда
Strategia	Стратегия
Torneo	Турнир
Vittoria	Победа

Casa
Дом

Attico	Чердак
Biblioteca	Библиотека
Camera	Комната
Camino	Камин
Cucina	Кухня
Doccia	Душ
Finestra	Окно
Garage	Гараж
Giardino	Сад
Lampada	Лампа
Parete	Стена
Pavimento	Этаж
Porta	Дверь
Recinto	Забор
Rubinetto	Кран
Scopa	Метла
Soffitto	Потолок
Specchio	Зеркало
Tappeto	Коврик
Tetto	Крыша

Castelli
Замки

Armatura	Броня
Catapulta	Катапульта
Cavaliere	Рыцарь
Cavallo	Лошадь
Corona	Корона
Dinastia	Династия
Drago	Дракон
Feudale	Феодальный
Fortezza	Крепость
Impero	Империя
Nobile	Благородный
Palazzo	Дворец
Parete	Стена
Principe	Принц
Principessa	Принцесса
Regno	Королевство
Scudo	Щит
Spada	Меч
Torre	Башня
Unicorno	Единорог

Cibo #1
Еда #1

Aglio	Чеснок
Basilico	Базилик
Cannella	Корица
Carne	Мясо
Carota	Морковь
Cipolla	Лук
Fragola	Клубника
Insalata	Салат
Latte	Молоко
Limone	Лимон
Menta	Мята
Orzo	Ячмень
Pera	Груша
Rapa	Репа
Sale	Соль
Spinaci	Шпинат
Succo	Сок
Tonno	Тунец
Torta	Торт
Zucchero	Сахар

Cibo #2
Еда #2

Banana	Банан
Broccolo	Брокколи
Ciliegia	Вишня
Cioccolato	Шоколад
Formaggio	Сыр
Fungo	Гриб
Grano	Пшеница
Kiwi	Киви
Mela	Яблоко
Melanzana	Баклажан
Pane	Хлеб
Pesce	Рыба
Pollo	Курица
Pomodoro	Помидор
Prosciutto	Ветчина
Riso	Рис
Sedano	Сельдерей
Uovo	Яйцо
Uva	Виноград
Yogurt	Йогурт

Cioccolato
Шоколад

Amaro	Горький
Antiossidante	Антиоксидант
Arachidi	Арахис
Aroma	Аромат
Cacao	Какао
Calorie	Калории
Caramella	Конфеты
Caramello	Карамель
Delizioso	Вкусный
Dolce	Сладкий
Esotico	Экзотический
Gusto	Вкус
Ingrediente	Ингредиент
Noce di Cocco	Кокос
Polvere	Порошок
Preferito	Любимый
Qualità	Качество
Ricetta	Рецепт
Zucchero	Сахар

Circo
Цирк

Acrobata	Акробат
Animali	Животные
Biglietto	Билет
Caramella	Конфеты
Clown	Клоун
Costume	Костюм
Elefante	Слон
Giocoliere	Жонглер
Intrattenere	Развлекать
Leone	Лев
Magia	Магия
Mago	Маг
Mostrare	Показать
Musica	Музыка
Parata	Парад
Scimmia	Обезьяна
Spettatore	Зритель
Tenda	Палатка
Tigre	Тигр
Trucco	Обманывать

Città
Город

Aeroporto	Аэропорт
Banca	Банк
Biblioteca	Библиотека
Cinema	Кино
Clinica	Клиника
Farmacia	Аптека
Fiorista	Флорист
Galleria	Галерея
Hotel	Отель
Mercato	Рынок
Museo	Музей
Negozio	Магазин
Panetteria	Пекарня
Ristorante	Ресторан
Scuola	Школа
Stadio	Стадион
Supermercato	Супермаркет
Teatro	Театр
Università	Университет
Zoo	Зоопарк

Colori
Цвета

Arancia	Оранжевый
Azzurro	Лазурный
Beige	Бежевый
Bianco	Белый
Blu	Синий
Ciano	Циан
Fucsia	Фуксия
Giallo	Желтый
Grigio	Серый
Indaco	Индиго
Magenta	Пурпурный
Marrone	Коричневый
Nero	Черный
Rosa	Розовый
Rosso	Красный
Seppia	Сепия
Verde	Зеленый
Viola	Фиолетовый

Commedia
Комедия

Applauso	Аплодисменты
Attore	Актер
Attrice	Актриса
Clown	Клоуны
Divertente	Смешной
Divertimento	Веселье
Espressivo	Выразительный
Genere	Жанр
Improvvisazione	Импровизация
Intelligente	Умный
Parodia	Пародия
Pubblico	Аудитория
Risata	Смех
Scherzi	Шутки
Teatro	Театр
Televisione	Телевидение
Umorismo	Юмор

Compleanno
День Рождения

Amici	Друзья
Anno	Год
Calendario	Календарь
Candele	Свечи
Canzone	Песня
Carte	Карты
Celebrazione	Празднование
Divertimento	Веселье
Felice	Счастливый
Gioioso	Радостный
Giorno	День
Giovane	Молодой
Inviti	Приглашения
Nato	Рожденный
Regalo	Подарок
Ricordi	Воспоминания
Saggezza	Мудрость
Speciale	Особый
Tempo	Время
Torta	Торт

Corpo Umano
Тело Человека

Bocca	Рот
Caviglia	Лодыжка
Cervello	Мозг
Collo	Шея
Cuore	Сердце
Dito	Палец
Faccia	Лицо
Gamba	Нога
Ginocchio	Колено
Gomito	Локоть
Mano	Рука
Mento	Подбородок
Naso	Нос
Occhio	Глаз
Orecchio	Ухо
Pelle	Кожа
Sangue	Кровь
Spalla	Плечо
Stomaco	Желудок
Testa	Голова

Cucina
Кухня

Bollitore	Чайник
Brocca	Кувшин
Cibo	Еда
Ciotola	Чаша
Coltelli	Ножи
Congelatore	Морозилка
Cucchiai	Ложки
Forchette	Вилки
Forno	Печь
Frigorifero	Холодильник
Grembiule	Фартук
Griglia	Гриль
Mestolo	Ковш
Ricetta	Рецепт
Spezie	Специи
Spugna	Губка
Tazze	Чашки
Tovagliolo	Салфетка
Vaso	Банка

Danza
Танец

Accademia	Академия
Arte	Искусство
Classico	Классический
Compagno	Партнер
Coreografia	Хореография
Corpo	Тело
Cultura	Культура
Culturale	Культурный
Emozione	Эмоция
Espressivo	Выразительный
Gioioso	Радостный
Grazia	Грация
Movimento	Движение
Musica	Музыка
Postura	Поза
Prova	Репетиция
Ritmo	Ритм
Tradizionale	Традиционный
Visivo	Визуальный

Dinosauri
Динозавры

Ali	Крылья
Coda	Хвост
Enorme	Огромный
Erbivoro	Травоядное
Evoluzione	Эволюция
Fossili	Ископаемые
Grande	Большой
Mammut	Мамонт
Onnivoro	Всеядный
Potente	Мощный
Preda	Добыча
Rettile	Рептилия
Scomparsa	Исчезновение
Specie	Вид
Taglia	Размер
Terra	Земля
Vizioso	Порочный

Discipline Scientifiche
Научные Дисциплины

Anatomia	Анатомия
Archeologia	Археология
Astronomia	Астрономия
Biochimica	Биохимия
Biologia	Биология
Botanica	Ботаника
Chimica	Химия
Ecologia	Экология
Fisiologia	Физиология
Geologia	Геология
Immunologia	Иммунология
Linguistica	Лингвистика
Meccanica	Механика
Meteorologia	Метеорология
Mineralogia	Минералогия
Neurologia	Неврология
Psicologia	Психология
Sociologia	Социология
Termodinamica	Термодинамика
Zoologia	Зоология

Ecologia
Экология

Clima	Климат
Comunità	Сообщества
Diversità	Разнообразие
Fauna	Фауна
Flora	Флора
Globale	Глобальный
Marino	Морской
Montagne	Горы
Natura	Природа
Naturale	Естественный
Palude	Болото
Piante	Растения
Risorse	Ресурсы
Siccità	Засуха
Sopravvivenza	Выживание
Specie	Вид
Volontari	Волонтеры

Edifici
Здания

Ambasciata	Посольство
Appartamento	Квартира
Castello	Замок
Cinema	Кино
Fabbrica	Завод
Fattoria	Ферма
Fienile	Амбар
Hotel	Отель
Laboratorio	Лаборатория
Museo	Музей
Ospedale	Больница
Osservatorio	Обсерватория
Ostello	Общежитие
Scuola	Школа
Stadio	Стадион
Supermercato	Супермаркет
Teatro	Театр
Tenda	Палатка
Torre	Башня
Università	Университет

Emozioni
Эмоции

Amore	Любовь
Beatitudine	Блаженство
Calma	Спокойный
Contenuto	Содержание
Gentilezza	Доброта
Gioia	Радость
Grato	Благодарный
Imbarazzato	Смущенный
Noia	Скука
Pace	Мир
Paura	Страх
Rabbia	Гнев
Rilassato	Расслабленный
Rilievo	Облегчение
Simpatia	Симпатия
Soddisfatto	Доволен
Sorpresa	Сюрприз
Tenerezza	Нежность
Tranquillità	Спокойствие
Tristezza	Печаль

Erboristeria
Тимбализм

Aglio	Чеснок
Aneto	Укроп
Aromatico	Ароматический
Basilico	Базилик
Culinario	Кулинарный
Dragoncello	Эстрагон
Finocchio	Фенхель
Fiore	Цветок
Giardino	Сад
Ingrediente	Ингредиент
Lavanda	Лаванда
Maggiorana	Майоран
Menta	Мята
Origano	Орегано
Prezzemolo	Петрушка
Qualità	Качество
Rosmarino	Розмарин
Timo	Тимьян
Verde	Зеленый
Zafferano	Шафран

Escursionismo
Пеший Туризм

Acqua	Вода
Animali	Животные
Campeggio	Кемпинг
Clima	Климат
Mappa	Карта
Meteo	Погода
Montagna	Гора
Natura	Природа
Orientamento	Ориентация
Parchi	Парки
Pericoli	Опасности
Pesante	Тяжелый
Pietre	Камни
Preparazione	Подготовка
Scogliera	Утес
Selvaggio	Дикий
Sole	Солнце
Stanco	Усталый
Stivali	Ботинки
Vertice	Саммит

Estate
Лето

Amici	Друзья
Campeggio	Кемпинг
Casa	Дом
Cibo	Еда
Famiglia	Семья
Giardino	Сад
Giochi	Игры
Gioia	Радость
Immersione	Ныряние
Libri	Книги
Mare	Море
Musica	Музыка
Nuotare	Плавать
Ricordi	Воспоминания
Rilassamento	Релаксация
Sandali	Сандалии
Spiaggia	Пляж
Stelle	Звезды
Tempo Libero	Досуг
Vacanza	Отпуск

Famiglia
Семья

Antenato	Предок
Bambini	Дети
Bambino	Ребенок
Figlia	Дочь
Fratello	Брат
Gemelli	Близнецы
Infanzia	Детство
Madre	Мать
Marito	Муж
Materno	Материнский
Moglie	Жена
Nipote	Племянник
Nipote	Внук
Nonna	Бабушка
Nonno	Дед
Padre	Отец
Paterno	Отцовский
Sorella	Сестра
Zia	Тетя
Zio	Дядя

Fantascienza
Научная Фантастика

Atomico	Атомный
Cinema	Кино
Cloni	Клоны
Distopia	Антиутопия
Esplosione	Взрыв
Estremo	Экстремальный
Fuoco	Огонь
Galassia	Галактика
Illusione	Иллюзия
Immaginario	Воображаемый
Libri	Книги
Misterioso	Таинственный
Mondo	Мир
Oracolo	Оракул
Pianeta	Планета
Realistico	Реалистичный
Robot	Роботы
Scenario	Сценарий
Tecnologia	Технология
Utopia	Утопия

Fattoria #1
Ферма #1

Acqua	Вода
Ape	Пчела
Asino	Осел
Campo	Поле
Cane	Собака
Capra	Коза
Cavallo	Лошадь
Fertilizzante	Удобрение
Fieno	Сено
Gatto	Кошка
Gregge	Стадо
Maiale	Свинья
Miele	Мед
Mucca	Корова
Pollo	Курица
Recinto	Забор
Riso	Рис
Semi	Семена
Terra	Земля
Vitello	Телец

Fattoria #2
Ферма #2

Agnello	Ягненок
Agricoltore	Фермер
Alveare	Улей
Anatra	Утка
Animali	Животные
Cibo	Еда
Fienile	Амбар
Frutta	Фрукт
Frutteto	Сад
Grano	Пшеница
Irrigazione	Орошение
Lama	Лама
Latte	Молоко
Mais	Кукуруза
Oche	Гуси
Orzo	Ячмень
Pastore	Пасти
Pecora	Овца
Prato	Луг
Trattore	Трактор

Fiori
Цветы

Calendula	Календула
Dente di Leone	Одуванчик
Gardenia	Гардения
Gelsomino	Жасмин
Giglio	Лилия
Girasole	Подсолнух
Ibisco	Гибискус
Lavanda	Лаванда
Lilla	Сирень
Magnolia	Магнолия
Margherita	Маргаритка
Mazzo	Букет
Orchidea	Орхидея
Papavero	Мак
Peonia	Пион
Petalo	Лепесток
Plumeria	Плюмерия
Rosa	Роза
Trifoglio	Клевер
Tulipano	Тюльпан

Foresta Pluviale
Тропический Лес

Anfibi	Амфибии
Botanico	Ботанический
Clima	Климат
Comunità	Сообщество
Diversità	Разнообразие
Giungla	Джунгли
Insetti	Насекомые
Mammiferi	Млекопитающие
Muschio	Мох
Natura	Природа
Nuvole	Облака
Preservazione	Сохранение
Prezioso	Ценный
Rifugio	Убежище
Rispetto	Уважение
Sopravvivenza	Выживание
Specie	Вид
Uccelli	Птицы

Forme
Формы

Angolo	Угол
Arco	Дуга
Bordi	Края
Cerchio	Круг
Cilindro	Цилиндр
Cono	Конус
Cubo	Куб
Curva	Изгиб
Ellisse	Эллипс
Iperbole	Гипербола
Lato	Сторона
Linea	Линия
Ovale	Овальный
Piramide	Пирамида
Poligono	Полигон
Prisma	Призма
Quadrato	Площадь
Rettangolo	Прямоугольник
Sfera	Сфера
Triangolo	Треугольник

Forniture Artistiche
Художественные Принадлежности

Acqua	Вода
Acquerelli	Акварели
Acrilico	Акриловый
Argilla	Глина
Carbone	Уголь
Carta	Бумага
Cavalletto	Мольберт
Colla	Клей
Colori	Цвета
Creatività	Креативность
Gomma	Ластик
Idee	Идеи
Inchiostro	Чернила
Matite	Карандаши
Olio	Масло
Pastelli	Пастели
Sedia	Стул
Spazzole	Щетки
Tavolo	Стол
Telecamera	Камера

Frutta
Фрукты

Albicocca	Абрикос
Ananas	Ананас
Arancia	Оранжевый
Avocado	Авокадо
Bacca	Ягода
Banana	Банан
Ciliegia	Вишня
Kiwi	Киви
Lampone	Малина
Limone	Лимон
Mango	Манго
Mela	Яблоко
Melone	Дыня
Mora	Ежевика
Nettarina	Нектарин
Papaia	Папайя
Pera	Груша
Pesca	Персик
Prugna	Слива
Uva	Виноград

Gatti
Кошки

Affettuoso	Любящий
Artiglio	Коготь
Cacciatore	Охотник
Coda	Хвост
Curioso	Любопытный
Divertente	Смешной
Dormire	Спать
Filo	Пряжа
Giocoso	Игривый
Indipendente	Независимый
Pazzo	Сумасшедший
Pelliccia	Мех
Personalità	Личность
Poco	Маленький
Selvaggio	Дикий
Timido	Застенчивый
Topo	Мышь
Veloce	Быстро
Zampa	Лапа

Geografia
География

Altitudine	Высота
Atlante	Атлас
Città	Город
Continente	Континент
Emisfero	Полусфера
Fiume	Река
Isola	Остров
Latitudine	Широта
Longitudine	Долгота
Mappa	Карта
Mare	Море
Meridiano	Меридиан
Mondo	Мир
Montagna	Гора
Nord	Север
Ovest	Запад
Paese	Страна
Regione	Регион
Sud	Юг
Territorio	Территория

Geologia
Геология

Acido	Кислота
Altopiano	Плато
Calcio	Кальций
Caverna	Пещера
Continente	Континент
Corallo	Коралл
Cristalli	Кристаллы
Erosione	Эрозия
Fossile	Ископаемое
Geyser	Гейзер
Lava	Лава
Minerali	Минералы
Pietra	Камень
Quarzo	Кварц
Sale	Соль
Stalagmiti	Сталагмиты
Stalattite	Сталактит
Strato	Слой
Terremoto	Землетрясение
Vulcano	Вулкан

Giardino
Сад

Albero	Дерево
Amaca	Гамак
Cespuglio	Куст
Erba	Трава
Erbacce	Сорняки
Fiore	Цветок
Garage	Гараж
Giardino	Сад
Pala	Лопата
Panca	Скамья
Portico	Крыльцо
Prato	Лужайка
Rastrello	Грабли
Recinto	Забор
Stagno	Пруд
Suolo	Почва
Terrazza	Терраса
Trampolino	Батут
Tubo	Шланг

Giocattoli
Игрушки

Aereo	Самолет
Argilla	Глина
Artigianato	Ремесла
Auto	Автомобиль
Bambola	Кукла
Barca	Лодка
Batteria	Барабаны
Bicicletta	Велосипед
Camion	Грузовик
Giochi	Игры
Immaginazione	Воображение
Libri	Книги
Palla	Мяч
Preferito	Любимый
Puzzle	Головоломка
Robot	Робот
Scacchi	Шахматы
Treno	Поезд
Vernici	Краски

Giorni e Mesi
Дни и Месяцы

Agosto	Август
Anno	Год
Aprile	Апрель
Calendario	Календарь
Dicembre	Декабрь
Domenica	Воскресенье
Febbraio	Февраль
Gennaio	Январь
Giugno	Июнь
Luglio	Июль
Lunedì	Понедельник
Martedì	Вторник
Mercoledì	Среда
Mese	Месяц
Novembre	Ноябрь
Ottobre	Октябрь
Sabato	Суббота
Settembre	Сентябрь
Settimana	Неделя
Venerdì	Пятница

Guida
Вождение

Auto	Автомобиль
Autobus	Автобус
Carburante	Топливо
Freni	Тормоза
Garage	Гараж
Gas	Газ
Incidente	Авария
Licenza	Лицензия
Mappa	Карта
Moto	Мотоцикл
Motore	Мотор
Pedonale	Пешеход
Pericolo	Опасность
Polizia	Полиция
Sicurezza	Безопасность
Strada	Дорога
Traffico	Движение
Trasporto	Транспорт
Tunnel	Туннель
Velocità	Скорость

Imbarcazioni
Лодки

Albero	Мачта
Ancora	Якорь
Boa	Буй
Canoa	Каноэ
Corda	Веревка
Dock	Док
Equipaggio	Экипаж
Fiume	Река
Kayak	Каяк
Lago	Озеро
Mare	Море
Marea	Прилив
Marinaio	Моряк
Motore	Двигатель
Nautico	Морской
Oceano	Океан
Onde	Волны
Traghetto	Паром
Yacht	Яхта
Zattera	Плот

Insetti
Насекомые

Afide	Тля
Ape	Пчела
Calabrone	Шершень
Cavalletta	Кузнечик
Cicala	Цикада
Coccinella	Божья Коровка
Coleottero	Жук
Farfalla	Бабочка
Formica	Муравей
Larva	Личинка
Libellula	Стрекоза
Locusta	Саранча
Mantide	Богомол
Pulce	Блоха
Scarafaggio	Таракан
Termite	Термит
Verme	Червь
Vespa	Оса
Zanzara	Комар

Letteratura
Литература

Analisi	Анализ
Analogia	Аналогия
Aneddoto	Анекдот
Autore	Автор
Biografia	Биография
Conclusione	Заключение
Confronto	Сравнение
Descrizione	Описание
Dialogo	Диалог
Genere	Жанр
Metafora	Метафора
Opinione	Мнение
Poesia	Стих
Poetico	Поэтика
Rima	Рифма
Ritmo	Ритм
Romanzo	Роман
Stile	Стиль
Tema	Тема
Tragedia	Трагедия

Libri
Книги

Autore	Автор
Avventura	Приключение
Carattere	Характер
Collezione	Коллекция
Contesto	Контекст
Epico	Эпический
Immersione	Погружение
Letterario	Литературный
Lettore	Читатель
Narratore	Рассказчик
Pagina	Страница
Parole	Слова
Poesia	Поэзия
Rilevante	Уместный
Romanzo	Роман
Scritto	Написано
Serie	Серии
Storia	История
Storico	Исторический
Tragico	Трагический

Mammiferi
Млекопитающие

Balena	Кит
Cane	Собака
Canguro	Кенгуру
Cavallo	Лошадь
Cervo	Олень
Coniglio	Кролик
Coyote	Койот
Delfino	Дельфин
Elefante	Слон
Gatto	Кошка
Giraffa	Жираф
Gorilla	Горилла
Leone	Лев
Lupo	Волк
Orso	Медведь
Pecora	Овца
Scimmia	Обезьяна
Toro	Бык
Volpe	Лиса
Zebra	Зебра

Matematica
Математика

Angoli	Углы
Aritmetica	Арифметика
Decimale	Десятичный
Diametro	Диаметр
Divisione	Деление
Equazione	Уравнение
Esponente	Экспонент
Frazione	Фракция
Geometria	Геометрия
Parallelo	Параллель
Perimetro	Периметр
Perpendicolare	Перпендикуляр
Poligono	Полигон
Quadrato	Площадь
Raggio	Радиус
Rettangolo	Прямоугольник
Simmetria	Симметрия
Somma	Сумма
Triangolo	Треугольник
Volume	Объем

Meditazione
Медитация

Accettazione	Принятие
Attenzione	Внимание
Calma	Спокойный
Chiarezza	Ясность
Compassione	Сострадание
Emozioni	Эмоции
Gentilezza	Доброта
Gratitudine	Благодарность
Mentale	Умственный
Mente	Ум
Movimento	Движение
Musica	Музыка
Natura	Природа
Osservazione	Наблюдение
Pace	Мир
Pensieri	Мысли
Postura	Поза
Prospettiva	Перспектива
Respirazione	Дыхание
Silenzio	Тишина

Meteo
Погода

Arcobaleno	Радуга
Asciutto	Сухой
Atmosfera	Атмосфера
Brezza	Бриз
Cielo	Небо
Clima	Климат
Fulmine	Молния
Ghiaccio	Лед
Monsone	Муссон
Nebbia	Туман
Nube	Облако
Polare	Полярный
Siccità	Засуха
Temperatura	Температура
Tempesta	Буря
Tornado	Торнадо
Tropicale	Тропический
Tuono	Гром
Uragano	Ураган
Vento	Ветер

Misurazioni
Измерения

Altezza	Высота
Byte	Байт
Centimetro	Сантиметр
Chilogrammo	Килограмм
Chilometro	Километр
Decimale	Десятичный
Grado	Степень
Grammo	Грамм
Larghezza	Ширина
Litro	Литр
Lunghezza	Длина
Metro	Метр
Minuto	Минута
Oncia	Унция
Peso	Вес
Pinta	Пинта
Pollice	Дюйм
Profondità	Глубина
Tonnellata	Тонна
Volume	Объем

Mitologia
Мифология

Archetipo	Архетип
Comportamento	Поведение
Creatura	Существо
Creazione	Создание
Cultura	Культура
Disastro	Катастрофа
Divinità	Божества
Eroe	Герой
Forza	Сила
Fulmine	Молния
Gelosia	Ревность
Guerriero	Воин
Immortalità	Бессмертие
Labirinto	Лабиринт
Leggenda	Легенда
Magico	Волшебный
Mortale	Смертный
Mostro	Монстр
Tuono	Гром
Vendetta	Месть

Mobili
Мебель

Amaca	Гамак
Cuscini	Подушки
Cuscino	Подушка
Divano	Диван
Futon	Футон
Lampada	Лампа
Letto	Кровать
Materasso	Матрас
Panca	Скамья
Poltrona	Кресло
Scaffali	Полки
Scrivania	Стол
Sedia	Стул
Specchio	Зеркало
Tappeto	Коврик
Tende	Шторы

Natura
Природа

Animali	Животные
Api	Пчелы
Artico	Арктический
Bellezza	Красота
Deserto	Пустыня
Dinamico	Динамический
Erosione	Эрозия
Fiume	Река
Fogliame	Листва
Foresta	Лес
Ghiacciaio	Ледник
Montagne	Горы
Nebbia	Туман
Nuvole	Облака
Rifugio	Укрытие
Santuario	Святилище
Scogliere	Скалы
Selvaggio	Дикий
Sereno	Безмятежный
Tropicale	Тропический

Numeri
Цифры

Cinque	Пять
Decimale	Десятичный
Diciannove	Девятнадцать
Diciassette	Семнадцать
Diciotto	Восемнадцать
Dieci	Десять
Dodici	Двенадцать
Due	Два
Nove	Девять
Otto	Восемь
Quattordici	Четырнадцать
Quattro	Четыре
Quindici	Пятнадцать
Sedici	Шестнадцать
Sei	Шесть
Sette	Семь
Tre	Три
Tredici	Тринадцать
Venti	Двадцать
Zero	Нуль

Nutrizione
Питание

Amaro	Горький
Appetito	Аппетит
Calorie	Калории
Carboidrati	Углеводы
Commestibile	Съедобный
Dieta	Диета
Digestione	Пищеварение
Fermentazione	Ферментация
Gusto	Вкус
Liquidi	Жидкости
Nutriente	Нутриент
Peso	Вес
Proteine	Белки
Qualità	Качество
Salsa	Соус
Salute	Здоровье
Sano	Здоровый
Spezie	Специи
Tossina	Токсин
Vitamina	Витамин

Oceano
Океан

Anguilla	Угорь
Balena	Кит
Barca	Лодка
Corallo	Коралл
Delfino	Дельфин
Gamberetto	Креветка
Granchio	Краб
Maree	Приливы
Medusa	Медуза
Onde	Волны
Ostrica	Устрица
Pesce	Рыба
Polpo	Осьминог
Sale	Соль
Scogliera	Риф
Spugna	Губка
Squalo	Акула
Tartaruga	Черепаха
Tempesta	Буря
Tonno	Тунец

Paesaggi
Пейзажи

Cascata	Водопад
Collina	Холм
Deserto	Пустыня
Fiume	Река
Geyser	Гейзер
Ghiacciaio	Ледник
Grotta	Пещера
Iceberg	Айсберг
Isola	Остров
Lago	Озеро
Mare	Море
Montagna	Гора
Oasi	Оазис
Oceano	Океан
Palude	Болото
Penisola	Полуостров
Spiaggia	Пляж
Tundra	Тундра
Valle	Долина
Vulcano	Вулкан

Paesi #2
Страны #2

Albania	Албания
Danimarca	Дания
Etiopia	Эфиопия
Giamaica	Ямайка
Giappone	Япония
Grecia	Греция
Haiti	Гаити
Indonesia	Индонезия
Irlanda	Ирландия
Laos	Лаос
Liberia	Либерия
Messico	Мексика
Nepal	Непал
Nigeria	Нигерия
Pakistan	Пакистан
Russia	Россия
Siria	Сирия
Sudan	Судан
Ucraina	Украина
Uganda	Уганда

Pesca
Рыбалка

Acqua	Вода
Attrezzatura	Оборудование
Barca	Лодка
Branchie	Жабры
Cesto	Корзина
Cucinare	Повар
Esagerazione	Преувеличение
Esca	Приманка
Filo	Провод
Fiume	Река
Gancio	Крюк
Lago	Озеро
Mascella	Челюсть
Oceano	Океан
Pazienza	Терпение
Peso	Вес
Pinne	Плавники
Spiaggia	Пляж
Stagione	Сезон

Piante
Растения

Albero	Дерево
Bacca	Ягода
Bambù	Бамбук
Botanica	Ботаника
Cactus	Кактус
Cespuglio	Куст
Crescere	Расти
Edera	Плющ
Erba	Трава
Fagiolo	Боб
Fertilizzante	Удобрение
Fiore	Цветок
Flora	Флора
Foglia	Лист
Fogliame	Листва
Foresta	Лес
Giardino	Сад
Muschio	Мох
Petalo	Лепесток
Radice	Корень

Pirati
Пираты

Ancora	Якорь
Avventura	Приключение
Bandiera	Флаг
Bussola	Компас
Capitano	Капитан
Cattivo	Плохой
Cicatrice	Шрам
Equipaggio	Экипаж
Grotta	Пещера
Isola	Остров
Leggenda	Легенда
Mappa	Карта
Monete	Монеты
Oro	Золото
Pappagallo	Попугай
Pericolo	Опасность
Rum	Ром
Spada	Меч
Spiaggia	Пляж
Tesoro	Сокровище

Professioni #1
Профессии #1

Allenatore	Тренер
Ambasciatore	Посол
Artista	Художник
Astronomo	Астроном
Avvocato	Адвокат
Ballerino	Танцор
Banchiere	Банкир
Cacciatore	Охотник
Cartografo	Картограф
Editore	Редактор
Farmacista	Фармацевт
Geologo	Геолог
Gioielliere	Ювелир
Idraulico	Водопроводчик
Infermiera	Медсестра
Musicista	Музыкант
Pianista	Пианист
Psicologo	Психолог
Scienziato	Ученый
Veterinario	Ветеринар

Professioni #2
Профессии #2

Astronauta	Астронавт
Bibliotecario	Библиотекарь
Biologo	Биолог
Chirurgo	Хирург
Dentista	Стоматолог
Filosofo	Философ
Fotografo	Фотограф
Giardiniere	Садовник
Giornalista	Журналист
Illustratore	Иллюстратор
Ingegnere	Инженер
Insegnante	Учитель
Inventore	Изобретатель
Investigatore	Следователь
Linguista	Лингвист
Medico	Врач
Pilota	Пилот
Pittore	Художник
Ricercatore	Исследователь
Zoologo	Зоолог

Riempire
Заполнить

Bacino	Бассейн
Barile	Бочка
Borsa	Сумка
Bottiglia	Бутылка
Busta	Конверт
Cartella	Папка
Cartone	Картон
Cesto	Корзина
Nave	Судно
Pacchetto	Пакет
Scatola	Коробка
Secchio	Ведро
Tasca	Карман
Tubo	Трубка
Valigia	Чемодан
Vaso	Ваза
Vassoio	Лоток

Ristorante #1
Ресторан #1

Allergia	Аллергия
Caffè	Кофе
Cameriera	Официантка
Carne	Мясо
Cassiere	Кассир
Cibo	Еда
Ciotola	Чаша
Coltello	Нож
Cucina	Кухня
Dessert	Десерт
Ingredienti	Ингредиенты
Menù	Меню
Pane	Хлеб
Piccante	Пряный
Pollo	Курица
Prenotazione	Бронирование
Salsa	Соус
Tovagliolo	Салфетка

Ristorante #2
Ресторан #2

Acqua	Вода
Aperitivo	Закуска
Bevanda	Напиток
Cameriere	Официант
Cena	Обед
Cucchiaio	Ложка
Delizioso	Вкусный
Forchetta	Вилка
Frutta	Фрукт
Ghiaccio	Лед
Insalata	Салат
Minestra	Суп
Pesce	Рыба
Sale	Соль
Sedia	Стул
Spezie	Специи
Torta	Торт
Uova	Яйца
Verdure	Овощи

Scacchi
Шахматы

Avversario	Оппонент
Bianco	Белый
Campione	Чемпион
Concorso	Конкурс
Diagonale	Диагональ
Giocatore	Игрок
Gioco	Игра
Intelligente	Умный
Nero	Черный
Passivo	Пассивный
Punti	Точки
Re	Король
Regina	Королева
Regole	Правила
Sacrificio	Жертва
Sfide	Проблемы
Strategia	Стратегия
Tempo	Время
Torneo	Турнир

Scienza
Наука

Atomo	Атом
Chimico	Химические
Clima	Климат
Dati	Данные
Esperimento	Эксперимент
Evoluzione	Эволюция
Fatto	Факт
Fisica	Физика
Fossile	Ископаемое
Gravità	Гравитация
Ipotesi	Гипотеза
Laboratorio	Лаборатория
Metodo	Метод
Minerali	Минералы
Molecole	Молекулы
Natura	Природа
Organismo	Организм
Osservazione	Наблюдение
Particelle	Частицы
Scienziato	Ученый

Scuola #1
Школа #1

Alfabeto	Алфавит
Amici	Друзья
Biblioteca	Библиотека
Carta	Бумага
Cartelle	Папки
Divertimento	Веселье
Esami	Экзамены
Insegnante	Учитель
Leggere	Читать
Libri	Книги
Marcatori	Маркеры
Matematica	Математика
Matita	Карандаш
Numeri	Числа
Penne	Ручки
Pranzo	Обед
Quiz	Викторина
Risposte	Ответы
Scrivania	Стол
Sedia	Стул

Scuola #2
Школа #2

Accademico	Академический
Autobus	Автобус
Biblioteca	Библиотека
Calendario	Календарь
Carta	Бумага
Computer	Компьютер
Dizionario	Словарь
Educazione	Образование
Forbici	Ножницы
Giochi	Игры
Grammatica	Грамматика
Insegnante	Учитель
Letteratura	Литература
Lettura	Чтение
Libri	Книги
Matematica	Математика
Matita	Карандаш
Scarpe	Обувь
Scienza	Наука
Zaino	Рюкзак

Spezie
Специи

Aglio	Чеснок
Amaro	Горький
Anice	Анис
Cannella	Корица
Cardamomo	Кардамон
Cipolla	Лук
Coriandolo	Кориандр
Cumino	Тмин
Curcuma	Куркума
Curry	Карри
Dolce	Сладкий
Finocchio	Фенхель
Gusto	Вкус
Liquirizia	Солодка
Paprika	Паприка
Pepe	Перец
Sale	Соль
Vaniglia	Ваниль
Zafferano	Шафран
Zenzero	Имбирь

Spiaggia
Пляж

Asciugamano	Полотенце
Barca	Лодка
Blu	Синий
Costa	Побережье
Dock	Док
Granchio	Краб
Isola	Остров
Laguna	Лагуна
Mare	Море
Nuotare	Плавать
Oceano	Океан
Ombrello	Зонтик
Sabbia	Песок
Sandali	Сандалии
Scogliera	Риф
Sole	Солнце
Vacanza	Отпуск

Sport
Виды Спорта

Allenatore	Тренер
Arbitro	Судья
Atleta	Спортсмен
Baseball	Бейсбол
Basket	Баскетбол
Bicicletta	Велосипед
Campionato	Чемпионат
Ginnastica	Гимнастика
Giocatore	Игрок
Gioco	Игра
Golf	Гольф
Hockey	Хоккей
Movimento	Движение
Nuotare	Плавать
Palestra	Гимназия
Squadra	Команда
Stadio	Стадион
Tennis	Теннис
Vincitore	Победитель

Strumenti Musicali
Музыкальные Инструменты

Armonica	Гармоника
Arpa	Арфа
Banjo	Банджо
Chitarra	Гитара
Clarinetto	Кларнет
Fagotto	Фагот
Flauto	Флейта
Gong	Гонг
Mandolino	Мандолина
Marimba	Маримба
Oboe	Гобой
Percussione	Перкуссия
Pianoforte	Пианино
Sassofono	Саксофон
Tamburello	Бубен
Tamburo	Барабан
Tromba	Труба
Trombone	Тромбон
Violino	Скрипка
Violoncello	Виолончель

Suoni
Звуки

Applaudire	Хлопать
Campana	Колокол
Concerto	Концерт
Coro	Хор
Eco	Эхо
Fischio	Свисток
Forte	Громко
Gemito	Стон
Ripetitivo	Повторяющийся
Risata	Смех
Rumoroso	Шумный
Sirene	Сирены
Sussurro	Шепот
Tosse	Кашель
Vibrazione	Вибрация
Voci	Голоса

Surf
Серфинг

Atleta	Спортсмен
Campione	Чемпион
Divertimento	Веселье
Estremo	Экстремальный
Folla	Толпы
Forza	Сила
Meteo	Погода
Nuotare	Плавать
Oceano	Океан
Onda	Волна
Pagaia	Весло
Popolare	Популярный
Principiante	Начинающий
Schiuma	Пена
Scogliera	Риф
Spiaggia	Пляж
Stile	Стиль
Stomaco	Желудок
Velocità	Скорость

Tecnologia
Технология

Blog	Блог
Browser	Браузера
Byte	Байтов
Computer	Компьютер
Cursore	Курсор
Dati	Данные
Digitale	Цифровой
File	Файл
Font	Шрифт
Internet	Интернет
Messaggio	Сообщение
Ricerca	Исследование
Schermo	Экран
Sicurezza	Безопасность
Statistiche	Статистика
Telecamera	Камера
Virtuale	Виртуальный
Virus	Вирус

Tempo
Время

Anno	Год
Annuale	Ежегодный
Calendario	Календарь
Decennio	Десятилетие
Dopo	После
Futuro	Будущее
Giorno	День
Ieri	Вчера
Mattina	Утро
Mese	Месяц
Mezzogiorno	Полдень
Minuto	Минута
Notte	Ночь
Oggi	Сегодня
Ora	Час
Orologio	Часы
Presto	Скоро
Prima	До
Secolo	Век
Settimana	Неделя

Tipi di Capelli
Типы Волос

Argento	Серебро
Asciutto	Сухой
Bianco	Белый
Biondo	Блондин
Breve	Короткая
Calvo	Лысый
Colorato	Цветной
Grigio	Серый
Intrecciato	Плетеный
Liscio	Гладкий
Lungo	Длинный
Marrone	Коричневый
Morbido	Мягкий
Nero	Черный
Riccio	Кудрявый
Riccioli	Кудри
Sano	Здоровый
Sottile	Тонкий
Spessore	Толстый
Trecce	Косы

Uccelli
Птицы

Airone	Цапля
Anatra	Утка
Aquila	Орел
Cicogna	Аист
Cigno	Лебедь
Cuculo	Кукушка
Falco	Ястреб
Fenicottero	Фламинго
Gabbiano	Чайка
Oca	Гусь
Pappagallo	Попугай
Passero	Воробей
Pavone	Павлин
Pellicano	Пеликан
Piccione	Голубь
Pinguino	Пингвин
Pollo	Курица
Struzzo	Страус
Tucano	Тукан
Uovo	Яйцо

Vacanze #2
Отпуск #2

Aeroporto	Аэропорт
Campeggio	Кемпинг
Foto	Фото
Hotel	Отель
Isola	Остров
Mappa	Карта
Mare	Море
Montagne	Горы
Passaporto	Паспорт
Ristorante	Ресторан
Spiaggia	Пляж
Straniero	Иностранец
Taxi	Такси
Tempo Libero	Досуг
Tenda	Палатка
Trasporto	Транспорт
Treno	Поезд
Vacanza	Праздник
Viaggio	Путешествие
Visto	Виза

Veicoli
Транспортные Средства

Aereo	Самолет
Auto	Автомобиль
Autobus	Автобус
Barca	Лодка
Bicicletta	Велосипед
Camion	Грузовик
Caravan	Караван
Elicottero	Вертолет
Furgone	Фургон
Metropolitana	Метро
Motore	Мотор
Navetta	Челнок
Pneumatici	Шины
Razzo	Ракета
Scooter	Скутер
Taxi	Такси
Traghetto	Паром
Trattore	Трактор
Treno	Поезд
Zattera	Плот

Verdure
Овощи

Aglio	Чеснок
Broccolo	Брокколи
Carciofo	Артишок
Carota	Морковь
Cetriolo	Огурец
Cipolla	Лук
Fungo	Гриб
Insalata	Салат
Melanzana	Баклажан
Patata	Картофель
Pisello	Горох
Pomodoro	Помидор
Prezzemolo	Петрушка
Rapa	Репа
Ravanello	Редис
Scalogno	Шалот
Sedano	Сельдерей
Spinaci	Шпинат
Zenzero	Имбирь
Zucca	Тыква

Vestiti
Одежда

Abito	Платье
Braccialetto	Браслет
Camicetta	Блуза
Camicia	Рубашка
Cappello	Шляпа
Cappotto	Пальто
Cintura	Пояс
Collana	Ожерелье
Giacca	Куртка
Gonna	Юбка
Grembiule	Фартук
Guanti	Перчатки
Jeans	Джинсы
Maglione	Свитер
Moda	Мода
Pantaloni	Брюки
Pigiama	Пижама
Sandali	Сандалии
Scarpa	Обувь
Sciarpa	Шарф

Congratulazioni

Ce l'hai fatta!

Speriamo che questo libro vi sia piaciuto tanto quanto a noi è piaciuto concepirlo. Ci sforziamo di creare libri della più alta qualità possibile.
Questa edizione è progettata per fornire un apprendimento intelligente, di qualità e divertente!

Le è piaciuto questo libro?

Una Semplice Richiesta

Questi libri esistono grazie alle recensioni che pubblicate.

Puoi aiutarci lasciando una recensione
ora a questo link ?

BestBooksActivity.com/Recensioni50

SFIDA FINALE!

Sfida n°1

Sei pronto per il tuo gioco gratuito? Li usiamo sempre, ma non sono
così facili da trovare - ecco i **Sinonimi!**
Scrivi 5 parole che hai trovato nei puzzle (n° 21, n° 36, n° 76) e prova a
trovare 2 sinonimi per ogni parola.

Scrivi 5 parole del **Puzzle 21**

Parole	Sinonimo 1	Sinonimo 2

Scrivi 5 parole del **Puzzle 36**

Parole	Sinonimo 1	Sinonimo 2

Scrivi 5 parole del **Puzzle 76**

Parole	Sinonimo 1	Sinonimo 2

Sfida n°2

Ora che ti sei riscaldato, scrivi 5 parole che hai trovato nei puzzle n° 9,
n° 17 e n° 25 e cerca di trovare 2 contrari per ogni parola. Quanti ne puoi
trovare in 20 minuti?

Scrivi 5 parole del **Puzzle 9**

Parole	Antonimo 1	Antonimo 2

Scrivi 5 parole del **Puzzle 17**

Parole	Antonimo 1	Antonimo 2

Scrivi 5 parole del **Puzzle 25**

Parole	Antonimo 1	Antonimo 2

Sfida n°3

Grande! Questa sfida   non è niente per te!

Pronto per la sfida finale? Scegli 10 parole che hai scoperto nei diversi puzzle e scrivile qui sotto.

1.	6.
2.	7.
3.	8.
4.	9.
5.	10.

Ora scrivi un testo pensando a una persona, un animale o un luogo che ti piace.

Puoi usare l'ultima pagina di questo libro come bozza.

La tua composizione:

_____

_____

_____

_____

_____

_____

_____

_____

_____

TACCUINO:

A PRESTO!

Tutta la Squadra